Kind en adolescent praktijkreeks

F. Bootsman, Utrecht, Nederland *Serieredacteur*
I.M. Hein, Amsterdam, Nederland *Serieredacteur*
M.J. van Hoof, Leiden, Nederland *Serieredacteur*
G.H.H. van der Loo-Neus, Venray, Nederland *Serieredacteur*
E.M.W.J. Utens, Dordrecht, Nederland *Serieredacteur*
J.C. Visser, Malden, Nederland *Serieredacteur*

Dit boek, *Slaaptraining voor jongeren op basis van CGT en motiverende gespreksvoering*, is onderdeel van de Kind en adolescent praktijkreeks.

Bij deze titel is tevens te bestellen: *Mijn Slaap Plan* – werkboek, Uitgeverij Bohn Stafleu van Loghum, Houten, 2020.

Bestellen
De boeken zijn rechtstreeks te bestellen via de webwinkel van uitgeverij Bohn Stafleu van Loghum te Houten: ▶www.bsl.nl of via de boekhandel.

Kind en adolescent praktijkreeks
De Kind en adolescent praktijkreeks biedt heldere en gefundeerde informatie over psychische stoornissen en behandelmethoden bij kinderen en adolescenten. De reeks is bedoeld voor psychologen, orthopedagogen, psychiaters en andere hulpverleners. In iedere uitgave komt een behandelmethode aan de orde. Waar dit relevant is, wordt deze behandeling specifiek per sessie beschreven, zodat er sprake is van een protocol. De reeks bestaat uit basisboeken voor de hulpverlener, waarin de theorie en methodiek helder en toegankelijk beschreven worden. Daarnaast verschijnen bij een aantal onderwerpen ook aantrekkelijke werkboeken voor jeugdigen en/of ouders.

Redactie Kind en adolescent praktijkreeks
Dr. F. Bootsman is beleidsmedewerker Kenniscentrum Kinder- en Jeugdpsychiatrie, betrokken bij de ontwikkeling en het onderhoud van praktijkstandaarden en kennisdossiers rondom relevante thema's in de kinder- en jeugdpsychiatrie. Voorheen werkzaam geweest als diagnosticus en onderzoeker in zowel de volwassenen- als kinder- en jeugdpsychiatrie.

Dr. I.M. Hein, kinder- en jeugdpsychiater en senior onderzoeker bij de Bascule en UMC Amsterdam, locatie AMC.

Drs. M.J. van Hoof, kinder- en jeugdpsychiater, psychotraumatherapeut, orthopedagoge. Zij is zelfstandig gevestigd (iMindU) en als onderzoeker verbonden aan Curium-LUMC.

Drs. G.H.H. van der Loo-Neus, kinder- en jeugdpsychiater en Manager behandelzaken bij Karakter Universitair Centrum, Kinder- en jeugdpsychiatrie, Zorglijn Autisme en ADHD (neurobiologische ontwikkelingsstoornissen).

Prof. dr. E.M.W.J. Utens, Hoogleraar/ klinisch psycholoog. Werkzaam bij het Academisch centrum Kinder- en Jeugdpsychiatrie de Bascule, (vakgroep Emotionele Stoornissen), Universiteit van Amsterdam (Faculteit der Maatschappij- en Gedragswetenschappen) en Erasmus MC- Sophia Rotterdam, afdeling Kinder- en Jeugdpsychiatrie.

Dr. J.C. Visser Kinder- en jeugdpsychiater en werkzaam bij JeugdGGZDimence, vooral locatie Arnhem, en met kleine aanstelling voor onderwijs en ontwikkeling bij MOC Kabouterhuis in Amsterdam.

Marije Kuin
Bianca Boyer

Slaaptraining voor jongeren op basis van CGT en motiverende gespreksvoering

Mijn Slaap Plan

Houten 2020

ISSN 2542-9078
Kind en adolescent praktijkreeks
ISBN 978-90-368-2331-9
https://doi.org/10.1007/978-90-368-2332-6

ISSN 2542-9086 (electronic)

ISBN 978-90-368-2332-6 (eBook)

© Bohn Stafleu van Loghum is een imprint van Springer Media B.V., onderdeel van Springer Nature 2020
Alle rechten voorbehouden. Niets uit deze uitgave mag worden verveelvoudigd, opgeslagen in een geautomatiseerd gegevensbestand, of openbaar gemaakt, in enige vorm of op enige wijze, hetzij elektronisch, mechanisch, door fotokopieën of opnamen, hetzij op enige andere manier, zonder voorafgaande schriftelijke toestemming van de uitgever.

Voor zover het maken van kopieën uit deze uitgave is toegestaan op grond van artikel 16b Auteurswet j° het Besluit van 20 juni 1974, Stb. 351, zoals gewijzigd bij het Besluit van 23 augustus 1985, Stb. 471 en artikel 17 Auteurswet, dient men de daarvoor wettelijk verschuldigde vergoedingen te voldoen aan de Stichting Reprorecht (Postbus 3060, 2130 KB Hoofddorp). Voor het overnemen van (een) gedeelte(n) uit deze uitgave in bloemlezingen, readers en andere compilatiewerken (artikel 16 Auteurswet) dient men zich tot de uitgever te wenden.

Samensteller(s) en uitgever zijn zich volledig bewust van hun taak een betrouwbare uitgave te verzorgen. Niettemin kunnen zij geen aansprakelijkheid aanvaarden voor drukfouten en andere onjuistheden die eventueel in deze uitgave voorkomen. De uitgever blijft onpartijdig met betrekking tot juridische aanspraken op geografische aanwijzingen en gebiedsbeschrijvingen in de gepubliceerde landkaarten en institutionele adressen.

NUR 777
Basisontwerp omslag: Studio Bassa, Culemborg
Tekening omslag: Marcel Jurriëns, Boxtel
Automatische opmaak: Scientific Publishing Services (P) Ltd., Chennai, India

Bohn Stafleu van Loghum
Walmolen 1
Postbus 246
3990 GA Houten

www.bsl.nl

Voorwoord

Deze handleiding sluit aan bij het werkboek *Mijn Slaap Plan*, een cognitief-gedragstherapeutisch protocol voor jongeren met slaapproblemen, waarbij gebruik wordt gemaakt van motiverende gespreksvoering.

Slaapproblemen zijn van invloed op het dagelijkse functioneren en kunnen de behandeling van psychische problemen veroorzaken, verergeren, in stand houden en belemmeren, en omgekeerd gaan psychische problemen en stoornissen meestal samen met slaapproblemen en -stoornissen. Om die reden is het belangrijk om slaapproblemen aan te pakken binnen de geestelijke gezondheidszorg. Jongeren in de puberteit zijn echter niet altijd enthousiast over de aangeboden hulpmiddelen om beter te gaan slapen. Wie wil er nou twee uur voor het slapen gaan niet meer naar een beeldscherm kijken? Veel hulpverleners lopen tegen dit probleem aan en de gespecialiseerde slaapklinieken hebben daardoor lange wachtlijsten. Er zijn jongeren die voldoende motivatie hebben om te veranderen en daardoor baat hebben bij algemene slaaphygiënetips, of voldoende verbetering ondervinden van een onlineprogramma (zoals ▶SlimSlapen.nl). Er zijn echter ook veel jongeren bij wie dit onvoldoende effect heeft of die het niet voor elkaar krijgen om hun gedrag te veranderen. Het programma *Mijn Slaap Plan* is gebaseerd op een evidence-based behandeling bij volwassenen (Verbeek en Van de Laar 2014) en maakt gebruik van motiverende gespreksvoering om de jongeren geïnformeerd te laten overwegen om daadwerkelijk zelf stappen te ondernemen om beter te gaan slapen.

Met behulp van het werkboek en de handleiding kunnen therapeuten met duidelijke richtlijnen aan de slag, waardoor slaapproblemen eerder aangepakt kunnen worden.

Met veel dank aan Els van der Horst, Laury Quaedackers en *Kind & Adolescent Praktijk* voor het meedenken over de ontwikkeling van *Mijn Slaap Plan*!

Voor een prettiger leesbaarheid hebben we gekozen voor de hij/hem/zijn-schrijfwijze, maar natuurlijk spreekt het voor zichzelf dat we daar ook zij/haar mee bedoelen.

Marije Kuin
Bianca Boyer

Inhoud

1	**Achtergrondinformatie over slapen: Hoe kunnen slaapproblemen eruit zien?**	1
1.1	Inleiding	2
1.2	Welke slaapproblemen zijn er allemaal?	2
1.3	Specifieke slaapproblemen bij jongeren	3
1.4	Effect van slaapproblemen op functioneren	3
1.5	Slaapproblemen en psychische problemen	4
1.6	Indicaties, plaats in het behandeltraject en contra-indicaties voor Mijn Slaap Plan	5
2	**Hoe breng ik slaapproblemen in kaart?**	7
2.1	Eerste informatie verzamelen	8
2.2	Aanvullend onderzoek	8
3	**Behandeling van slaapproblemen bij jongeren**	9
3.1	Slim Slapen	10
3.2	Wat voegt Mijn Slaap Plan toe aan bestaande behandelingen voor jongeren?	10
3.3	Cognitieve gedragstherapie in Mijn Slaap Plan	10
4	**Algemene opzet van Mijn Slaap Plan**	13
4.1	Rationale van Mijn Slaap Plan	14
4.2	Opzet van de behandeling	15
4.3	Werkwijze	15
4.4	Rol van ouders	16
5	**Motiverende gespreksvoering in Mijn Slaap Plan**	17
5.1	Evidentie voor motiverende gespreksvoering	18
5.2	Motiverende gespreksvoering in Mijn Slaap Plan	18
5.3	Algemene therapeutische houding	19
5.4	Wat te doen bij ambivalentie?	21
5.5	Motiverende gespreksvoering in het werkboek	23
5.6	Evaluatie van de sessie	23
5.7	Rol van ouders bij onvoldoende motivatie van de jongere	24
6	**Het werkboek Mijn Slaap Plan, stap voor stap**	27
6.1	Bespreking van H. 1 uit het werkboek: Onderzoek wat er allemaal verandert voor jou	29
6.1.1	Doelen	29
6.1.2	Is dat wel haalbaar?	30
6.1.3	Voor- en nadelen	30
6.1.4	Wil ik dit uitproberen?	31
6.1.5	De algemene adviezen voor zeer gemotiveerde jongeren	33
6.1.6	Nu al iets uitproberen?	33
6.1.7	Thuisopdracht (optioneel)	34

6.2	**Bespreking van H. 2 uit het werkboek: Belangrijk om te weten voordat je goed kunt slapen**	34
6.2.1	Informatie in het werkboek	35
6.2.2	Aanvullende informatie bij het werkboek	42
6.2.3	Thuisopdracht	42
6.3	**Bespreking van H. 3 uit het werkboek: Onderzoek hoe je nu eigenlijk slaapt**	43
6.3.1	Beginnen met een onderzoek	43
6.3.2	Een eerste stap	45
6.3.3	Tijdlijn	45
6.3.4	Heb je zorgen rondom slapen?	46
6.3.5	Onderzoek naar jouw slaap-waakritme	48
6.3.6	Meer onderzoek nodig?	48
6.4	**Bespreking van H. 4 uit het werkboek: Uitproberen maar: experimenteren!**	50
6.4.1	Experimenteren met nieuw gedrag	50
6.4.2	Een goed experiment opzetten	50
6.4.3	Suggesties om de slaap te verbeteren	52
6.5	**Bespreking van H. 5 uit het werkboek: Huh? Waarom gaat het opeens weer zo moeilijk?**	55
6.5.1	Evaluatie	56
6.5.2	Hoe merk je dat je terugvalt?	56
6.5.3	De beste plannen	56
6.5.4	Terugvalplan	56
6.5.5	Valkuilen	57
6.5.6	Volhouden ondanks valkuilen	57
	Bijlagen	59
	Bijlage 1 Vragenlijsten	60
	Bijlage 2 Motivatieonderzoek	69
	Bijlage 3 Tijdlijn	71
	Bijlage 4 Evalueren van de sessie	72
	Literatuur	73

Over de auteurs

Drs. Marije Kuin
is gz-psycholoog en cognitief gedragstherapeut (supervisor) bij Psychologenpraktijk Kuin. Zij heeft jarenlang bij diverse instellingen gewerkt en daarnaast in een eigen praktijk. Ze heeft veel ervaring met het werken met kinderen, jongeren en hun ouders met diverse problematiek en is gespecialiseerd in ADHD en gedragsproblemen.

Dr. Bianca Boyer
is docent/onderzoeker aan de Universiteit van Amsterdam, waar ze met name onderzoek doet naar het effect van psychosociale behandeling van ADHD en autismespectrumstoornissen bij kinderen en jongeren. Daarnaast werkt zij als gz-psycholoog en cognitief gedragstherapeut bij Psychologenpraktijk Kuin.

Samen ontwikkelden Marije Kuin en Bianca Boyer verschillende behandelmodules, waaronder *Zelf Plannen*, *Zelf Oplossingen Bedenken* en *Hoe plan ik mijn huiswerk?* Marije Kuin ontwikkelde daarnaast de interventie *Werken aan je zelfbeeld* en is auteur van het boek *Pittige Pubers*.

Achtergrondinformatie over slapen: Hoe kunnen slaapproblemen eruit zien?

Samenvatting
In dit hoofdstuk zal besproken worden welke slaapproblemen er allemaal zijn, welke problemen jongeren vooral hebben rondom slapen, wat de gevolgen ervan kunnen zijn en met welke psychische stoornissen deze slaapproblemen vaak samengaan. Ten slotte zal worden besproken wat de doelgroep is waar dit behandelprotocol zich op richt en wat de indicaties en contra-indicaties zijn om Mijn Slaap Plan in te zetten.

1.1 Inleiding – 2

1.2 Welke slaapproblemen zijn er allemaal? – 2

1.3 Specifieke slaapproblemen bij jongeren – 3

1.4 Effect van slaapproblemen op functioneren – 3

1.5 Slaapproblemen en psychische problemen – 4

1.6 Indicaties, plaats in het behandeltraject en contra-indicaties voor Mijn Slaap Plan – 5

© Bohn Stafleu van Loghum is een imprint van Springer Media B.V., onderdeel van Springer Nature 2020
M. Kuin en B. Boyer, *Slaaptraining voor jongeren op basis van CGT en motiverende gespreksvoering*,
Kind en adolescent praktijkreeks, https://doi.org/10.1007/978-90-368-2332-6_1

1.1 Inleiding

Hoeveel jongeren precies last hebben van slaapproblemen, is niet geheel duidelijk. De prevalentiecijfers van slaapstoornissen en slaapproblemen bij kinderen en jongeren zijn uiteenlopend, waardoor er slechts een schatting gemaakt kan worden. Ongeveer 15 tot 30 % van de kinderen heeft last van slaapproblemen (Boer 2003). Slaapproblemen kunnen bij kinderen van alle leeftijden voorkomen en kunnen op verschillende leeftijden beginnen. Insomnie komt voor bij 5 tot 11 % van de jongeren (Johnson et al. 2006; Roberts et al. 2008). Ongeveer 35 tot 40 % van de volwassenen met chronische slaapklachten (voornamelijk insomnie) heeft daarbij ook een psychische stoornis, in de meeste gevallen een depressie (Van Bemmel et al. 2001). De prevalentie van slaapproblemen bij kinderen en jongeren met ADHD en/of ASS loopt uiteen van 50 tot 80 %, waarbij in- en doorslaapproblemen het meest gerapporteerd worden (Van der Heijden et al. 2005; Owens 2008; Corkum et al. 2011). Bij kinderen bij wie de slaapproblemen op vroege leeftijd ontstaan (binnen de eerste vier levensjaren) blijven de problemen in 50 tot 70 % van de gevallen tot in de puberteit of langer voortduren (Gregory et al. 2002). Dit geeft aan dat wanneer er sprake is van slaapproblemen, deze zeer persistent kunnen zijn. *Mijn Slaap Plan* is een cognitieve gedragstherapie met elementen van motiverende gespreksvoering, die zich richt op het verbeteren van de slaaphygiëne van jongeren. Dit is een eerste stap in het behandelen van hun slaapproblemen.

1.2 Welke slaapproblemen zijn er allemaal?

Jongeren met *insomnie* ervaren moeite met in- of doorslapen. Soms is de jongere langdurig wakker voorafgaand aan het in slaap vallen, soms wordt de jongere te vroeg wakker. Er is sprake van insomnie wanneer voldaan wordt aan een aantal DSM-criteria, zoals dat de slapeloosheidsklachten minimaal drie maanden gedurende minimaal drie dagen per week aanwezig zijn. Deze klachten moeten gepaard gaan met beperkingen in het dagelijks functioneren en niet gerelateerd zijn aan of veroorzaakt worden door andere slaapstoornissen (zoals slaapapneu). Een psychiatrische of een medische stoornis kan gespecificeerd worden naast de insomnie, omdat ervan uitgegaan wordt dat er sprake is van een wederkerigheid tussen beide stoornissen (APA 2013).

Jongeren met *hypersomnie* ervaren overmatige slaperigheid overdag. Ze zijn moeilijk wakker te krijgen in de ochtend en slapen overdag ook graag. Deze problemen doen zich tijdens de jeugd overwegend voor bij oudere kinderen en jongeren. De slaperigheid komt niet door een slaaptekort (zoals insomnie) of een andere slaapstoornis (zoals narcolepsie).

Een *slaap-waakritmestoornis* verschilt enigszins van insomnie. Waar bij insomnie het slaapprobleem altijd optreedt, ongeacht het ritme overdag, blijken jongeren met slaap-waakritmestoornissen goed te slapen als zij zelf controle hebben over hun dag-en-nachtschema. Oftewel; als ze zelf mogen bepalen wanneer zij gaan slapen, hebben ze geen last van slapeloosheid! Zeer veel jongeren hebben een vertraagd slaapprobleem (slaap-waakritmestoornis of slaapfasesyndroom), waarbij ze laat in slaap vallen en daardoor overdag moe zijn als ze naar school moeten. In de vakanties kunnen ze echter uitslapen en worden ze niet beperkt in hun functioneren. Dan slapen ze voldoende uren.

De drie hiervoor genoemde slaapproblemen worden veel gezien bij jongeren (met of zonder bijkomende problematiek) en bij deze problematiek kan het *Mijn Slaap Plan* ingezet worden.

Narcolepsie zorgt ervoor dat jongeren midden op de dag zomaar opeens in slaap vallen, vaak naar aanleiding van een emotie, maar soms ook zomaar. Narcolepsie wordt gezien als een aparte stoornis vanwege het feit dat deze te maken heeft met een hypocretinetekort. Middels een inslaaplatentietest kan dit tekort worden aangetoond (Froncek et al. 2007). In dit protocol zal hier niet nader op worden ingegaan. Meer informatie is te krijgen bij gespecialiseerde slaapcentra.

Parasomnieën zijn ongewenste klinische verschijnselen (bijvoorbeeld bewegingen, gedragingen, emoties en droombelevingen) die zich uitsluitend of overwegend voordoen tijdens de slaap, of die erdoor worden versterkt. Het slaapproces zelf is echter normaal (Berden 2000). Voorbeelden van parasomnieën bij kinderen zijn slaapwandelen, pavor nocturnus (nachtelijke angstaanvallen) en jactatio capitis/corporis nocturna (stereotiepe, herhaalde bewegingen van het hoofd of de romp) (Van Bemmel 2001; Boer 2014). In dit protocol zal hier niet nader op worden ingegaan, meer informatie is te krijgen bij gespecialiseerde slaapcentra.

1.3 Specifieke slaapproblemen bij jongeren

Bij jongeren kunnen angsten of piekeren het inslapen bemoeilijken. Vanwege hormonale en sociale veranderingen in de puberteit slapen jongeren vaak te weinig (Meijer et al. 2008; De Bruin et al. 2013). Bij jongeren is er meestal sprake van een verschuiving in de slaapfase. Jongeren gaan vaak te laat naar bed en slapen langer uit. Daarnaast gebruiken jongeren meer cafeïnehoudende middelen om overdag wakker te blijven. Deze middelen kunnen op hun beurt weer doorslaapproblemen veroorzaken. Hetzelfde geldt voor het gebruik van alcohol en drugs. Soms worden alcohol en drugs (ook) gebruikt om in slaap te kunnen vallen, maar het gebruik van dergelijke middelen kan leiden tot doorslaapproblemen (Boer et al. 2013).

1.4 Effect van slaapproblemen op functioneren

Verstoorde slaap kan een negatieve invloed uitoefenen op de algemene gezondheid en op het functioneren op diverse domeinen, zoals op school en op sociaal gebied (Bendz en Scates 2010). Slaapproblemen kunnen resulteren in leer- en gedragsproblemen (Fallone et al. 2002; Curcio et al. 2006) en kunnen bestaande klachten verergeren (Boer 2011).

Touchette en collega's (2007) hebben aangetoond dat een slaaptekort tijdens de vroegtijdige ontwikkeling van het kind kan resulteren in lagere cognitieve prestaties, die zelfs na enkele jaren van genormaliseerde slaap nog aanwezig kunnen zijn. Slaaptekort bij kinderen beïnvloedt ook de executieve functies. Deze executieve functies spelen een essentiële rol bij leerprocessen en gedragsregulatie en vormen daarmee een belangrijke verklaring voor de invloed van slaaptekort op schoolprestaties en gedragsproblemen. Recent onderzoek laat zien dat slaap invloed heeft op emotieregulatie, wat meer inzicht biedt in de mechanismen waarmee slaaptekort bij kinderen invloed kan hebben op angst, depressie en agressie (Van der Heijden 2013). Chronisch slaaptekort kan leiden tot een vertraging in het cognitieve en psychomotorische functioneren. Dit kan levensbedreigend zijn, omdat het kind of de jongere hierdoor onvoldoende alert reageert op gevaarlijke situaties (Berden 2000).

1.5 Slaapproblemen en psychische problemen

In de DSM 5 (APA 2013) worden slaapstoornissen en andere klinische stoornissen gezien als stoornissen die elkaar wederkerig beïnvloeden. Als consequentie van deze zienswijze wordt een behandeling voorgesteld waarbij zowel de slaap als de klinische stoornis wordt aangepakt. Het verbeteren van slaap wordt dus gezien als een belangrijke bijdrage aan de behandeling van de klinische stoornis en vice versa.

Bij bepaalde stoornissen, zoals een *depressie*, maken slaapproblemen deel uit van de classificatiecriteria. Er lijkt sprake te zijn van een wisselwerking tussen depressie en slaapproblemen: langdurige slaapproblemen gaan vaak vooraf aan depressieve stoornissen, maar slaapproblemen kunnen ook ontstaan als gevolg van een depressie (Meijer et al. 2010). Onbehandelde slapeloosheid is dan ook een risicofactor voor het ontwikkelen van een depressie. De symptomen van een depressie zijn ernstiger wanneer er tevens sprake is van slaapproblemen (Van der Heijden et al. 2013; Boer 2014). Mensen die slecht slapen hebben een twee keer zo grote kans om een depressie te krijgen als mensen die niet slecht slapen. Vroege behandeling van slaapproblemen kan dan ook het risico op het krijgen van een depressie verkleinen. De behandeling van slaapproblemen ondersteunt de behandeling van depressies. De behandelresultaten worden beter op het moment dat het slechte slapen apart wordt aangepakt, naast de behandeling van een depressie (Van de Laar et al. 2014). Onlangs is er een studie gepubliceerd waarbij patiënten met zowel depressie als insomnie werden gerandomiseerd naar ofwel een onlinebehandeling voor depressie ofwel een onlinebehandeling voor insomnie (Blom et al. 2015). Zoals verwacht, werd in deze studie gevonden dat de insomniebehandeling effectiever was in het verminderen van insomnieklachten. Verrassend is dat beide behandelingen even effectief leken in het reduceren van de depressieve klachten (maar mogelijk was de steekproef te klein om uitspraken te kunnen doen over gelijkwaardigheid). Dit zou kunnen betekenen dat behandelingen voor insomnie niet alleen nuttig zijn voor het verbeteren van de slaap, maar ook voor het behandelen van een depressie. Er zijn ook stoornissen waarbij slaapproblemen niet tot de diagnostische criteria horen, maar waarbij het verbeteren van slaap wél een belangrijk deel uitmaakt van het effect van de behandeling, zoals bij ADHD, angststoornissen, autismespectrumstoornissen en psychotische stoornissen (APA 2006; Boer 2014).

In de klinische praktijk rapporteren ouders van kinderen met ADHD vaak slaapproblemen (Holvoet et al. 2013). Slaapstoornissen hebben een bijkomende negatieve invloed op domeinen die verstoord zijn door ADHD, zoals inhibitie en concentratie. Sommige kinderen met slaapproblemen worden onterecht gediagnosticeerd met ADHD. Slaaptekort kan namelijk leiden tot ADHD-symptomen, zoals hyperactiviteit en concentratieproblemen, maar deze verdwijnen wanneer het kind zijn slaapgebrek inhaalt (Van der Heijden et al. 2005; Boer 2014). Bij 50 tot 80 % van de kinderen met ADHD komen slaapproblemen voor, waarbij in- en doorslaapproblemen het meest worden vermeld (Cortese et al. 2009; Van der Heijden et al. 2013). Ongeveer 28 % van de kinderen met ADHD die geen medicatie nemen, heeft last van (chronische) inslaapproblemen (Hoebert et al. 2009). Uit een onderzoek naar een cognitief gedragstherapeutische slaapbehandeling bij kinderen met ADHD bleek de slaapkwaliteit vooruit gegaan te zijn, maar bleek er ook een positief effect te zijn op de ADHD-kenmerken (Hiscock et al. 2015).

Slaapproblemen komen vaak voor bij jongeren met een *angststoornis*. De relatie tussen slaap en angst is complex. Slaapproblemen maken deel uit van de diagnostische criteria van enkele angststoornissen, zoals gegeneraliseerde angststoornis, maar slaapproblemen kunnen ook ontstaan als gevolg van angsten. Jongeren met een separatieangststoornis kunnen het moeilijk vinden alleen naar hun slaapkamer te gaan. Jongeren met een gegeneraliseerde angststoornis kunnen door het piekeren last hebben van insomnie. De symptomen van een angststoornis zijn gemiddeld ernstiger wanneer er daarnaast sprake is van slaapproblemen (Van der Heijden et al. 2013; Boer 2014).

Bij kinderen met een *autismespectrumstoornis* (ASS) komen vaker slaapstoornissen voor dan bij kinderen zonder ASS. De meest voorkomende slaapproblemen binnen deze groep zijn in- en doorslaapproblemen. Jongeren met ASS hebben een verstoorde melatonineproductie. Dit kan de verhoogde prevalentie van slaapproblemen bij deze groep jongeren deels verklaren (Melke et al. 2008).

Slaapproblemen zijn een belangrijk klinisch probleem bij een *posttraumatische stressstoornis* (PTSS). PTSS is een stoornis die kan ontstaan na een traumatische gebeurtenis. Jongeren met slaapproblemen hebben na een traumatische ervaring een grotere kans op de ontwikkeling van PTSS (Koren et al. 2002). Verder hebben jongeren met PTSS regelmatig last van angstaanjagende dromen en/of aanvallen van nachtelijke angst, wat kan leiden tot in- en doorslaapproblemen (Boer 2011).

Jongeren met een *dwangstoornis* kunnen slaap tekort komen door de rituelen die zij moeten uitvoeren rond het slapen (Boer 2014). Deze handelingen, zoals veelvuldig tellen, voorwerpen rangschikken en handen wassen, zijn erg moeilijk te stoppen, ook al weet de jongere dat het onnodige handelingen zijn die vaak maken dat zij te laat naar bed gaan (Verhulst 2006).

Bij een hulpvraag rondom *gedragsproblemen* zoals agressie dient men alert te zijn op de mogelijke aanwezigheid van slaapstoornissen. De medicamenteuze behandeling van gedragsstoornissen kan slaapproblemen veroorzaken of versterken. Behandeling van de slaapproblemen kan de gedragsproblemen verminderen en kan ook een positief effect hebben op het functioneren op school (Van der Heijden et al. 2013).

Slaapproblemen komen vaker voor bij jongeren met een *verstandelijke beperking* dan bij jongeren zonder verstandelijke beperking (Dosen 2008). De verschillen in slaappatroon van mensen met een verstandelijke beperking worden toegeschreven aan biologische factoren zoals genetische afwijkingen. Uit onderzoek is gebleken dat de remslaap bij mensen met een verstandelijke beperking korter is en dat de non-remslaap zwakker is dan bij mensen zonder een verstandelijke beperking. Dit kan de kwaliteit van slaap verminderen.

Bij (beginnende) *schizofrenie* is slaaptekort een belangrijke factor en ook bij behandeling van psychoses blijkt het behandelen van slaapproblemen een groot effect te hebben op het welzijn van de cliënt. Slecht slapen hangt namelijk samen met psychotische verschijnselen, bijvoorbeeld met paranoia en met bijzondere en ongewone ervaringen bij kinderen. Familieleden van patiënten met schizofrenie zien slaapproblemen als duidelijk signaal dat voorafgaat aan een terugval in een psychotische episode. Uit onderzoek blijkt dat de verbetering van hallucinaties en psychoses voor 60 % verklaard kan worden door de verbetering van slaap (Freeman et al. 2017).

1.6 Indicaties, plaats in het behandeltraject en contra-indicaties voor Mijn Slaap Plan

Mijn Slaap Plan is een cognitieve gedragstherapie met elementen van motiverende gespreksvoering, die zich richt op het verbeteren van de slaaphygiëne van jongeren. Dit is een eerste stap in het behandelen van hun slaapproblemen. Het is een behandelprotocol voor jongeren van 12 tot 18 jaar die onvoldoende slapen en daar lijdenslast door ervaren. Daarbij is het belangrijk dat de ouders van deze jongere het aandurven om eerst de motivatie van de jongere zelf te (laten) onderzoeken en als ouder hierover de controle los te durven en kunnen laten.

In principe kan deze behandeling uitgevoerd worden voorafgaand aan, gelijktijdig met of na afloop van een behandeling gericht op comorbide psychopathologie (uitzonderingen hierop staan beschreven bij contra-indicaties). Er wordt geadviseerd om de volgorde van behandeling te baseren op de probleemanalyse en deze met de cliënt te bespreken. Wanneer er het vermoeden is van een wederkerig effect, kan worden overwogen om de psychische problematiek en de slaapproblemen gelijktijdig aan te pakken. Daarnaast kunnen er lichamelijke oorzaken zijn voor de slaapproblemen: het is van belang dat hier aandacht aan wordt besteed alvorens te beginnen met psychosociale behandeling gericht op slaap. Wanneer lichamelijke oorzaken zijn uitgesloten of behandeld, krijgen slaapproblemen binnen de gezondheidszorg regelmatig te weinig aandacht, waardoor er onvoldoende behandeling plaatsvindt (Van Bemmel et al. 2001). *Mijn Slaap Plan* kan echter goed worden uitgevoerd na afloop van behandeling van de lichamelijke oorzaak van de slaapproblemen.

Wanneer na afloop van het protocol *Mijn Slaap Plan*, en het verbeteren van de slaaphygiëne, nog slaapproblemen worden ervaren, luidt het advies om contact op te nemen met de huisarts voor overleg over een volgende stap in het traject.

Het gebruik van *Mijn Slaap Plan* heeft verschillende *contra-indicaties*. Zo wordt gebruik afgeraden indien het slaapprobleem het gevolg is van psychische problematiek en uit de probleemanalyse naar voren komt dat deze problematiek allereerst behandeld moet worden (bijvoorbeeld aanpakken van traumaklachten bij PTSS alvorens de slaapproblemen aan te pakken). Bij schizofrene of bipolaire ontwikkeling wordt afgeraden om aan slaaponthouding te doen, zoals als optie wordt beschreven in dit protocol. Er wordt aangeraden deze behandeling uit te stellen indien het slaapprobleem het gevolg is van somatisch lijden of drugs- en medicatiegebruik en uit de probleemanalyse naar voren komt dat de behandeling zich eerst daarop moet richten. Ten slotte wordt begeleiding vanuit een expertisecentrum aangeraden wanneer er sprake is van narcolepsie, rustelozebenensyndroom of slaapapneu of wanneer het slaapprobleem gezien kan worden als slaapgebonden slaapstoornis (parasomnie) waarvoor meer expertise nodig is. Er kan daarnaast door een arts met kennis van slaapproblemen overwogen worden om melatonine in te zetten.

Hoe breng ik slaapproblemen in kaart?

Samenvatting

Er zijn verschillende manieren om het slaappatroon van een jongere in kaart te brengen. In dit hoofdstuk worden voorbeelden gegeven van hoe dat op gestructureerde wijze gedaan kan worden. Hiertoe wordt besproken welke informatie nodig is om de slaapproblemen in kaart te brengen, wanneer aanvullend onderzoek nodig is en hoe registratieopdrachten ingezet kunnen worden om zicht te krijgen op de slaap-waakcyclus van de jongere. Vragenlijsten die bij jongeren gebruikt kunnen worden, zijn de *Chronisch Slaaptekort Vragenlijst* (CSRQ) en de *Slaaphygiëne Vragenlijst* (ASHQ).

2.1 Eerste informatie verzamelen – 8

2.2 Aanvullend onderzoek – 8

© Bohn Stafleu van Loghum is een imprint van Springer Media B.V., onderdeel van Springer Nature 2020
M. Kuin en B. Boyer, *Slaaptraining voor jongeren op basis van CGT en motiverende gespreksvoering*,
Kind en adolescent praktijkreeks, https://doi.org/10.1007/978-90-368-2332-6_2

2.1 Eerste informatie verzamelen

Volgens de expertgroep slaapproblemen van het Kenniscentrum Kinder- en Jeugdpsychiatrie (►www.kenniscentrum-kjp.nl) moeten minimaal de volgende punten aan de orde komen tijdens de informatieverzameling rondom slaap:
- Wie heeft er een probleem (ouder of jongere)?
- Hoe functioneert de jongere overdag?
- Hoe laat gaat de jongere naar bed?
- Hoe lang is de inslaaptijd?
- Hoe gaat het met doorslapen?
- Is er sprake van geluiden of gedragingen tijdens de nacht?
- Hoe laat en op welke wijze wordt de jongere wakker?
- Is er sprake van somatische problemen, zoals pijn of jeuk?
- Is er een verschil in slaap-waakritme tijdens vakanties en tijdens schoolweken?
- Wat is al geprobeerd om slaap te verbeteren?
- Hoe zit het met de lichtblootstelling over de dag?
- Is er sprake van intoxicaties, zoals medicatie of cafeïne?
- Hoe zit het met de slaaphygiëne?
- Familie-anamnese (chronotype, andere zaken).

2.2 Aanvullend onderzoek

In sommige gevallen van slaapproblemen is aanvullend onderzoek nodig, bijvoorbeeld als er vermoedens bestaan van een medische component, of indien de jongere, ouders of therapeut overtuigd zijn van een oorzaak die niet direct aangepakt kan worden met cognitieve gedragstherapie. Indien het systeem niet achter een cognitieve gedragstherapie kan staan, omdat zij denken dat er meer aan de hand is dan een probleem met slaaphygiëne, kan het motiverend zijn om allereerst uitgebreider onderzoek te doen. Hierbij kan gedacht worden aan polysomnografie, actigrafie of een melatoninebepaling. Deze onderzoeken vinden veelal plaats in gespecialiseerde slaapcentra. Wanneer na een dergelijk onderzoek blijkt dat cognitieve gedragstherapie geïndiceerd is, is de motivatie groter en werkt de behandeling beter dan wanneer het slaapprotocol direct ingezet wordt.

Het is voor therapeuten belangrijk te weten of de slaapstoornis:
1. het gevolg is van een psychische stoornis;
2. het gevolg is van somatisch lijden of drugs- en medicatiegebruik;
3. gezien kan worden als slaapgebonden slaapstoornis (parasomnie);
4. voortkomt uit te late melatonine-afgifte;
5. verband houdt met stress;
6. een gevolg is van de slaaphygiëne;
7. verband houdt met de pedagogische benadering;
8. geen andere aanwijsbare oorzaak heeft (psychofysiologische insomnie; Meijer et al. 2008).

Alle genoemde hypotheses dienen namelijk meegenomen te worden in de overweging welke behandeling het beste aansluit bij de jongere. Wanneer er bijvoorbeeld overeenstemming is over de hypothese dat de slaapproblemen het gevolg zijn van drugsgebruik, zal er besproken moeten worden of de behandeling zich eerst zal richten op dit drugsgebruik of niet (zie ►par. 1.5: indicaties en contra-indicaties van dit protocol).

Behandeling van slaapproblemen bij jongeren

Samenvatting

Slaapproblemen komen bij jongeren vaak voor en kunnen belangrijke gevolgen hebben voor pathologie en hun dagelijks functioneren. Om die reden is het van belang deze slaapproblemen te behandelen. In dit hoofdstuk wordt beschreven welke behandelingen in Nederland verkrijgbaar zijn voor jongeren met slaapproblemen en zullen deze kort worden beschreven. Vervolgens zal worden beschreven wat *Mijn Slaap Plan* toevoegt aan deze behandelingen en hoe CGT in het protocol verwerkt zit.

3.1 Slim Slapen – 10

3.2 Wat voegt Mijn Slaap Plan toe aan bestaande behandelingen voor jongeren? – 10

3.3 Cognitieve gedragstherapie in Mijn Slaap Plan – 10

© Bohn Stafleu van Loghum is een imprint van Springer Media B.V., onderdeel van Springer Nature 2020
M. Kuin en B. Boyer, *Slaaptraining voor jongeren op basis van CGT en motiverende gespreksvoering*,
Kind en adolescent praktijkreeks, https://doi.org/10.1007/978-90-368-2332-6_3

3.1 Slim Slapen

Het programma *Slim Slapen* (De Bruin et al. 2013) is momenteel het enige behandelprogramma voor jongeren en richt zich op cognitieve gedragstherapeutische methoden. Tijdens de behandeling leert de jongere onder andere vaste bedtijden aan te houden en juiste slaapgewoonten te ontwikkelen (▶ slimslapen.nl).

Het primaire doel van de behandeling is het verbeteren van de inslaap- en doorslaapstoornissen van de jongere met insomnia en mede daardoor het verbeteren van het functioneren overdag. Subdoelen zijn het verbeteren van kennis over slaap, doorbreken van de conditionering dat het bed gelijk staat aan wakker liggen, verbeteren van kennis over gedragingen die goede slaap kunnen bevorderen, adequate bedtijden vaststellen en aanhouden, herstructureren van disfunctionele cognities over slaap en bevorderen van lichamelijke ontspanning.

De behandeling bestaat uit zes wekelijkse sessies met één boostersessie na twee maanden en is gebaseerd op cognitieve gedragstherapie met specifieke technieken gericht op slaapverbetering, zoals psycho-educatie, slaaphygiëne-instructies, stimuluscontrole, restrictie van tijd in bed, cognitief herstructureren van disfunctionele cognities en ontspanningstechnieken.

De behandeling wordt gegeven in twee varianten: een groepstherapie en een internetbehandeling. Het effectonderzoek geeft goede aanwijzingen dat *Slim Slapen* als groepstherapie (in ggz- en jgz-instellingen en in slaapcentra) en als internettherapie positieve effecten heeft op slaap, cognitief functioneren en psychopathologie bij jongeren van 10 tot en met 19 jaar met insomnia.

3.2 Wat voegt Mijn Slaap Plan toe aan bestaande behandelingen voor jongeren?

Een grote groep jongeren met slaapproblemen staat ambivalent tegenover verandering van hun slaapgedrag en dit maakt dat ze mogelijk niet snel zullen beginnen met een online behandelprogramma of een groepsprogramma als *Slim Slapen*. Daardoor blijven veel van deze jongeren mogelijk onbehandeld voor hun slaapproblemen. *Mijn Slaap Plan* werkt met dezelfde evidence-based technieken die bij de hiervoor genoemde behandelingen beschreven zijn, maar is een individuele behandeling, er is motiverende gespreksvoering toegevoegd als onderliggende basis en er wordt gebruikgemaakt van een werkboek. De ervaring leert dat veel jongeren onvoldoende motivatie kunnen opbrengen om de behandelingsadviezen in de praktijk te brengen. Dit kan versterkt worden als er ook nog andere psychische problemen een rol spelen in het dagelijkse functioneren. Juist voor deze doelgroep is *Mijn Slaap Plan* ontwikkeld. De motiverende gespreksvoering (zie ▶ H. 4) maakt dat jongeren gemotiveerder aan de slag gaan met de adviezen en het werken in een werkboek zorgt voor een gestructureerde en overzichtelijke aanpak. *Mijn Slaap Plan* is nog niet wetenschappelijk onderzocht. Er vindt momenteel in België onderzoek plaats naar het behandeleffect van het verbeteren van de slaaphygiëne bij jongeren met ADHD.

3.3 Cognitieve gedragstherapie in Mijn Slaap Plan

De behandeling is gebaseerd op een cognitieve gedragstherapeutisch behandelprotocol dat wordt gebruikt bij volwassenen. Cognitieve gedragstherapeuten denken en werken vanuit de analyses die ze maken rondom het probleemgedrag of de intense emoties. In die analyses wordt onderzocht wat de functie is van het probleemgedrag en hoe dat gedrag in stand gehouden wordt (functieanalyse). Daarnaast wordt in de analyses onderzocht welke betekenisverlening erbij hoort voor de cliënt (betekenisanalyse) die verklaart waarom er sprake is van zo'n heftige intense emotie. Er zijn veel boeken en cursussen die hier uitgebreid op ingaan en die uiteenzetten hoe een behandelplan vast te stellen op basis van de analyses.

Trainers met kennis en ervaring in de cognitieve gedragstherapie die gebruik gaan maken van het protocol *Mijn Slaap Plan* zullen, als het goed is, stilstaan bij de functie van het slaapgedrag van de jongere. Dit wordt in het werkboek ook samen met de jongere besproken in de voor- en nadelenschema's. Daarnaast zullen trainers met ervaring in de cognitieve gedragstherapie bespreken of er negatieve betekenisverlening aan de slaap is gekoppeld die de behandeling belemmert. Veelal wordt dit voorafgaand aan een behandelprotocol gedaan, maar door de hoge werkdruk in het werkveld komt dit soms in het gedrang. Er is ruimte om dit alsnog binnen het protocol te doen.

Voor alle trainers die daar onvoldoende weet van hebben en/of voor degenen die een korte opfriscursus prettig vinden, wordt dit uitgelegd in ▶H. 6.

Algemene opzet van Mijn Slaap Plan

Samenvatting

Mijn Slaap Plan is een individuele cognitieve gedragstherapie waarin motiverende gespreksvoering is verwerkt om de motivatie voor gedragsverandering te vergroten. De gedragsverandering in dit protocol richt zich op het verbeteren van de slaaphygiëne van de jongere. In dit hoofdstuk wordt de rationale voor *Mijn Slaap Plan* toegelicht en zullen de opzet van de behandeling, de werkwijze en de rol van de ouders in de behandeling worden besproken.

4.1 Rationale van Mijn Slaap Plan – 14

4.2 Opzet van de behandeling – 15

4.3 Werkwijze – 15

4.4 Rol van ouders – 16

© Bohn Stafleu van Loghum is een imprint van Springer Media B.V., onderdeel van Springer Nature 2020
M. Kuin en B. Boyer, *Slaaptraining voor jongeren op basis van CGT en motiverende gespreksvoering*,
Kind en adolescent praktijkreeks, https://doi.org/10.1007/978-90-368-2332-6_4

4.1 Rationale van Mijn Slaap Plan

Jongeren weten vaak precies welk gedrag beter voor hen zou zijn, maar hebben moeite om handige strategieën te bedenken en gebruiken om hun gedrag te reguleren. Dit wordt mede veroorzaakt doordat hun sociaal-emotionele ontwikkeling en de ontwikkeling van hun executieve functies in deze leeftijdsfase een grote sprong doormaken, maar waarbij die grote ontwikkelingen niet altijd synchroon lopen (Crone 2008). Daarnaast speelt de behoefte aan autonomie een grote rol in deze leeftijdsfase, waardoor jongeren niet altijd meer naar de volwassenen in hun omgeving luisteren: wanneer volwassenen zeggen dat jongeren iets anders of beter zouden moeten aanpakken, worden ze in hun autonomie aangetast en neemt de motivatie om te veranderen af. Als zij van anderen horen wat ze moeten veranderen en welke tips goed helpen, denken of zeggen zij vaak automatisch de bezwaren om te veranderen. Dit blijkt vaak een averechts effect te hebben op de motivatie om te veranderen.

In plaats van de jongeren te vertellen wat hun doelen zijn en hoe ze hun doelen zouden moeten behalen, wordt in de huidige behandeling ingespeeld op de intrinsieke motivatie van de jongeren door ze hun eigen doelen te laten stellen en ze zelf strategieën om beter te slapen te laten bedenken. Hierdoor zijn ze gemotiveerd om deze strategieën te gebruiken, waardoor de kans van slagen toeneemt. Door deze positieve ervaringen zullen hun zelfvertrouwen en zelfredzaamheid vergroten en zullen zij gemotiveerd zijn om deze strategieën te blijven gebruiken.

> **Box 1 Voorbeelduitleg van de rationale aan een jongere (en zijn ouders)**
> Ik wil jullie graag uitleggen hoe de behandeling *Mijn Slaap Plan* werkt, zodat we daarna kunnen bekijken of het iets voor jou zou zijn. Is dat goed?
> We weten dat steeds meer jongeren moeite hebben om voldoende te slapen per nacht. De maatschappij is natuurlijk enorm veranderd de afgelopen jaren en voor jouw ouders was het een stuk makkelijker om op tijd naar bed te gaan dan dat nu voor jou is. Er waren toen veel minder prikkels dan nu en bijvoorbeeld geen onlinegames en app-gesprekken die dag en nacht doorgaan. Daarom is het voor veel ouders moeilijk te begrijpen wat dat met hun kinderen doet. Ze willen graag dat je goed slaapt, omdat ze zien dat je last hebt van slaaptekort, maar niemand kan jou in slaap dwingen. Jijzelf trouwens ook niet. Wat we in deze behandeling doen, is dat we eerst goed samen gaan onderzoeken waardoor het lastig is om te slapen. Dat kan zoveel verschillende redenen hebben, dat we dat we niet in één gesprek kunnen ontdekken. Vervolgens bekijken we samen welke redenen de moeite waard zijn om te proberen ze te veranderen en welke niet. Dat wordt dus een behoorlijke puzzel. Pas als we dat allemaal onderzocht hebben, gaan we kijken welke oplossingen passen bij jou. Soms gaat dit allemaal heel snel, maar soms duurt het iets langer voor we dat ontdekt hebben. In de tussentijd zou het fijn zijn als jouw ouders je dan steunen in die zoektocht. Alle tips en regels die ze hebben bedacht de afgelopen tijd, hebben blijkbaar niet geholpen, maar dat kan komen doordat de puzzel nog niet compleet was. Misschien komen we er wel achter dat het best goede ideeën waren, maar bijvoorbeeld in de verkeerde volgorde! Hoe kunnen jouw ouders jou steunen in het oplossen van jouw slaappuzzel? Heb je daar een idee over? En hoe staan jullie als ouders daarin?

4.2 Opzet van de behandeling

Mijn Slaap Plan bestaat uit vijf hoofdstukken waarin van motivatie en kennis naar het actief aanpakken van de specifieke slaapproblemen van een jongere wordt toegewerkt. Een jongere kan een heleboel redenen hebben om slecht te slapen, zoals: te vroeg wakker worden, te lang wakker liggen, midden in de nacht wakker worden, te laat naar bed gaan, te veel afleiding, te veel piekeren, te veel energie, te somber, te saai, te koud, telefoon naast het bed en ga zo maar door. Om deze reden is het werkboek van *Mijn Slaap Plan* zo opgezet, dat alleen de onderwerpen kunnen worden gekozen die aansluiten bij de problemen waar de jongere op dit moment tegenaan loopt.

Het werkboek is zo opgezet, dat iedere jongere begint met ▶H. 1 (Wat verandert er allemaal voor jou? Onderzoek!), waarmee de motivatie voor verandering goed in kaart kan worden gebracht. Wanneer de motivatie hoog genoeg is voor gedragsverandering, kan vervolgens begonnen worden met ▶H. 2, waarin psycho-educatie wordt gegeven over slaapproblemen. In ▶H. 3 worden de slaapproblemen van de jongere goed in kaart gebracht en in ▶H. 4 kunnen de onderwerpen en de volgorde ervan, worden afgestemd op de slaapproblemen van iedere specifieke cliënt. In principe zullen de meeste jongeren en trainers de hoofdstukken in de beschreven volgorde doorlopen. Ieder hoofdstuk kan meer dan 1 sessie van 45 minuten in beslag nemen. Het is dus niet zo dat in vijf sessies het gehele protocol is doorlopen.

hoofdstuk	onderwerp
1	motivatie in kaart brengen
2	psycho-educatie over slaapproblemen en slaaphygiëne
3	slaapproblemen van deze jongere in kaart brengen
4	experimenteren met nieuwe slaapstrategieën
5	terugvalpreventie

4.3 Werkwijze

Bij de behandeling van slaapproblemen is het van belang te zorgen voor een goede slaaphygiëne. Onder slaaphygiëne worden maatregelen verstaan die een goede nachtrust bevorderen, zoals een vaste slaapplaats, regelmatige bedtijden en een bedritueel. Gedrag veranderen is echter niet gemakkelijk en dit geldt ook voor het veranderen van slaapgedrag. Waarschijnlijk heeft de jongere een goede reden voor zijn huidige slaappatroon, omdat het hem/haar (onbewust) iets oplevert, zoals: tot vlak voor het slapen televisiekijken, appen met vrienden, een level hoger bereiken in een game, piekeren om een gevoel van controle te krijgen, uitstellen van daadwerkelijk naar bed gaan omdat het fijn is bij ouders te zijn et cetera. Het kan zijn dat een jongere wel graag beter zou slapen, maar toch een ambivalente houding heeft ten opzichte van het daadwerkelijk veranderen van zijn/haar slaapgedrag. Om deze reden is een belangrijk onderdeel van dit behandelprotocol motiverende gespreksvoering. Pas wanneer de motivatie voor verandering groot genoeg is, zal psycho-educatie worden gegeven over slaapproblemen en slaaphygiëne en zal begonnen worden met het uitproberen van nieuwe strategieën om beter te slapen. In ▶H. 5 staat uitgebreid beschreven wat de rol is van motiverende gespreksvoering in dit protocol.

4.4 Rol van ouders

De keuze voor de behandeling en de rol die ouders daarin spelen, is afhankelijk van de aard van het slaapprobleem en de leeftijd van het kind. Bij jongeren gebeurt dit in overleg. Aangezien jongeren steeds minder controle van hun ouders accepteren, kan er een behoorlijk spanningsveld ontstaan. De ouders willen graag dat hun zoon/dochter voldoende slaapt en proberen dit met strikte bedtijdregels voor elkaar te krijgen. Echter, de jongeren zijn inmiddels op een leeftijd waarop ze niet langer alles doen wat hun ouders zeggen en ouders hebben geen volledige controle meer over het doen en laten van hun kinderen. Dit kan een machteloos gevoel veroorzaken bij ouders. Deze behandeling richt zich voornamelijk op de motivatie van jongeren zelf om beter te gaan slapen. Hierdoor mogen ouders een stapje terug doen en onderzoeken de therapeut en de jongere samen of er motivatie om te veranderen is. Vaak zorgt dit ervoor dat de strijd rondom het slapen minder wordt, hetgeen een positief effect kan hebben op de motivatie van de jongere.

Voor enkele van de slaapstrategieën die geïntroduceerd en gekozen worden door de jongere, geldt dat ze met de ouders besproken moeten worden. Ouders moeten namelijk achter deze plannen kunnen staan, ze kunnen ondersteunen en eventueel afspraken met school maken in het geval dat eerst een tijdelijke achteruitgang in slaap wordt verwacht. De trainer kan met de jongere overleggen of hij hulp nodig heeft om dit soort zaken met zijn ouders te bespreken. Sommige jongeren kunnen dit prima alleen organiseren en sommige jongeren hebben hier steun van de trainer bij nodig.

Motiverende gespreksvoering in Mijn Slaap Plan

Samenvatting

In de behandeling van jongeren met slaapproblemen streef je er als behandelaar naar dat ze een goede slaaphygiëne gaan uitvoeren. Allereerst zul je erachter moeten komen wat er in het huidige slaap-waakritme verbeterd kan worden, waarna die veranderingen doorgevoerd moeten worden. Bij een goed gemotiveerde jongere volstaat het vaak om alle adviezen samen door te nemen en te bespreken hoe ermee aan de slag te gaan. In de praktijk blijkt het echter vaak moeilijk te zijn om jongeren zo ver te krijgen, dat ze nieuw gedrag ook daadwerkelijk gaan uitvoeren zoals is afgesproken of om het voor langere tijd vol te houden. Daarom is in dit behandelprotocol motiverende gespreksvoering toegevoegd om de motivatie voor verandering te vergroten. In dit hoofdstuk wordt beschreven wat de evidentie is voor motiverende gespreksvoering, hoe het in dit behandelprotocol is verwerkt in de therapeutische houding, hoe het is verwerkt in het werkboek, en wat de rol van ouders is bij onvoldoende motivatie bij de jongere.

5.1 Evidentie voor motiverende gespreksvoering – 18

5.2 Motiverende gespreksvoering in Mijn Slaap Plan – 18

5.3 Algemene therapeutische houding – 19

5.4 Wat te doen bij ambivalentie? – 21

5.5 Motiverende gespreksvoering in het werkboek – 23

5.6 Evaluatie van de sessie – 23

5.7 Rol van ouders bij onvoldoende motivatie van de jongere – 24

© Bohn Stafleu van Loghum is een imprint van Springer Media B.V., onderdeel van Springer Nature 2020
M. Kuin en B. Boyer, *Slaaptraining voor jongeren op basis van CGT en motiverende gespreksvoering*,
Kind en adolescent praktijkreeks, https://doi.org/10.1007/978-90-368-2332-6_5

5.1 Evidentie voor motiverende gespreksvoering

Het aantal artikelen dat jaarlijks verschijnt over motiverende gespreksvoering neemt nog steeds toe. Aanvankelijk werd motiverende gespreksvoering alleen toegepast bij middelengebruik door volwassenen, dat was ook het gebied waar onderzoek zich op richtte. Later werd het onderzoek uitgebreid naar andere gebieden en ook naar de invloed van motiverende gespreksvoering op verandering van gedrag van jongeren. Uit een meta-analyse (Jensen et al. 2011) blijkt dat motiverende gespreksvoering helpt om roken, alcohol- en drugsgebruik bij jongeren te verminderen op zowel de korte, als op de lange termijn. Verder werden onder andere positieve resultaten geboekt bij jongeren met overgewicht (Gourlan et al. 2013), met anorexia (Price-Evans en Treasure 2011) en internaliserende en externaliserende problematiek (Slesnick et al. 2013). Ook wanneer het gaat om gezondheidsgedrag (denk bijvoorbeeld aan slaapgedrag, lichaamsbeweging, dieet of seksueel risicogedrag) blijkt motiverende gespreksvoering een effectieve methode te zijn om voor positieve gedragsverandering te zorgen bij jongeren (Cushing et al. 2014; Naar-King et al. 2012). Op het gebied van slaapgedrag is er nog weinig onderzoek naar het effect van motiverende gespreksvoering bij jongeren gedaan. Wel liet een studie zien dat jongeren bij wie op school motiverende gespreksvoering werd gericht op hun slaapgedrag, siginificant meer kennis over slaap hadden dan een controlegroep en dat zij ook meer motivatie hadden om vroeger uit bed te komen 's ochtends en om meer slaap te krijgen 's nachts (Cain et al. 2011).

5.2 Motiverende gespreksvoering in Mijn Slaap Plan

Het is belangrijk dat de jongere voldoende motivatie heeft om gedragsverandering uit te voeren en vol te houden. Het komt echter veel voor dat jongeren met slaapproblemen ambivalent staan tegenover gedragsverandering. Dat betekent dat er voordelen zijn aan het veranderen van hun slaappatroon, maar ook nadelen en dat die beide even zwaar wegen in het hoofd van de jongere. Wanneer de voor- en nadelen van verandering even zwaar wegen, zijn mensen in het algemeen niet geneigd te veranderen. De voordelen van een verandering zijn vaak pas merkbaar op de lange termijn, terwijl de nadelen van verandering op korte termijn plaatsvinden. Dat alles maakt dat mensen onvoldoende motivatie voelen om te veranderen en dit vol te houden. Bij jongeren speelt dit nog meer dan bij volwassenen, omdat jongeren nog meer dan volwassenen geneigd zijn te reageren op kortetermijneffecten. Dat heeft met de ontwikkeling van het brein te maken, dat op deze leeftijd langetermijneffecten minder sterk voelt dan kortetermijneffecten. Zelfs al geven jongeren wel aan dat ze hun gedrag willen veranderen, dan nog zijn er vaak minder dopaminerge systemen actief in het brein die de motivatie om dat ook daadwerkelijk uit te voeren kunnen ondersteunen (Braams et al. 2014).

Weer voldoende slapen is vaak een langetermijnwens, terwijl die verandering voor jongeren op de korte termijn niet makkelijk uitvoerbaar is. De behandeling van jongeren met slaapproblemen valt of staat daardoor met de motivatie die de jongeren kunnen vinden om echt aan de slag te gaan. Het helpt om motiverende gespreksvoering te gebruiken om de motivatie van de jongere te onderzoeken. Dat wordt in dit hoofdstuk toegelicht.

Juist bij jongeren met slaapproblemen is te zien dat zij vaak wel beter *willen* slapen, maar dat het ze niet lukt om dit – ook met de juiste kennis over slaap – door te voeren in hun gedrag. Om deze reden is motiverende gespreksvoering in *Mijn Slaap Plan* toegevoegd als basis voor psycho-educatie en cognitieve gedragstherapie. Motiverende gespreksvoering is doorgevoerd in de therapeutische houding van de trainer en in de opzet van de oefeningen in het werkboek.

 Let op!
Motiverende gespreksvoering klinkt soms gemakkelijk, maar kan heel lastig zijn. Volg extra nascholing en supervisie als het in de praktijk ingewikkelder blijkt dan gedacht.

5.3 Algemene therapeutische houding

Motiverende gespreksvoering is *niet* een techniek waarmee mensen overgehaald kunnen worden om te gaan doen wat ze niet willen (Rollnick et al. 2009). Het is juist een behandelstijl waarbij een trainer de jongere zelf kan laten nadenken over wat hij echt wil. De trainer kan inspelen op wat de jongere zelf al in huis heeft aan beweegredenen om het eigen gedrag te veranderen. Het heeft meer te maken met gidsen dan met leiden en minstens evenveel met luisteren als met praten. De algehele houding bepaalt voor een groot gedeelte het succes van motiverende gespreksvoering.

Omdat er in de gezondheidszorg soms maar weinig tijd is om de motivatie voor gedragsverandering te verhogen hebben Rollnick et al. (2009) een boek geschreven over hoe je, ook als je maar weinig tijd hebt, kunt werken aan gedragsverandering. Zij beschrijven in hun boek vier uitgangspunten die van belang zijn voor de trainer:

1. *Onderdruk de reparatiereflex*
   Hulpverleners willen graag helpen. Dat klinkt natuurlijk logisch, maar de drang om anderen van richting te laten veranderen om hen te helpen, wordt vaak een automatisme, bijna een reflex. Het probleem is dat deze aanpak een paradoxaal effect kan hebben als een hulpverlener allerlei goede tips geeft aan een jongere die ambivalent staat tegenover verandering. Als de trainer de 'goede' kant van de discussie kiest, is de natuurlijke reactie van de jongere om de andere kant van de ambivalentie te gaan verdedigen. Omdat mensen geneigd zijn te geloven wat ze zichzelf horen zeggen, is de kans klein dat de jongere, die hierdoor zelf de nadelen van verandering onder woorden brengt, zal veranderen. Het is daarom van belang dat de trainer de reparatiereflex onderdrukt en de jongere uitlokt argumenten vóór verandering te verzinnen in plaats van ze aan te reiken.
2. *Probeer de motivatie van de jongere te begrijpen*
   Niet de redenen van hulpverleners om te veranderen, maar die van de jongere zelf zullen naar alle waarschijnlijkheid gedragsverandering bij de jongere tot stand brengen. Daarom is het van belang dat een trainer geïnteresseerd is in de zorgen, waarden en beweegredenen van de jongere zelf. Bij motiverende gespreksvoering moet een trainer onderzoeken wat er bij de jongere zelf leeft aan opvattingen over zijn huidige situatie en aan eigen beweegredenen voor verandering.
3. *Luister naar de jongere*
   Een trainer dient bij motiverende gespreksvoering minstens zoveel tijd te besteden aan luisteren als aan informatie bieden. Binnen *Mijn Slaap Plan* worden alle nieuwe gedragingen als experiment besproken, zodat de jongere het op zijn eigen manier kan gebruiken. Het kan gebeuren dat een trainer het idee heeft dat een bepaalde oplossing bijzonder praktisch kan zijn voor de jongere, terwijl de jongere zelf daar zijn twijfels over heeft.

Als een trainer probeert de jongere te overtuigen, is de kans klein dat hij dit ook zal gaan proberen. Wanneer de trainer de jongere vraagt op wat voor een manier deze oplossing hem iets op zou kunnen leveren, is de kans groter dat hij dit ook daadwerkelijk gaat doen. Onze ervaring is dat jongeren zeer inventief zijn in het bedenken van manieren om toch het doel te bereiken dat is besproken. Probeer deze ideeën dan met ze uit te werken. Durf naar de overwegingen te vragen, naar de voor- en nadelen van de gekozen aanpak en durf te accepteren dat de jongere zijn eigen weg kiest. Ook wanneer dat in je volwassen ogen niet de meest logische weg is.

4. *Bekrachtig de jongere positief*
Een vierde leidend principe in motiverende gespreksvoering is bevestiging: de jongere ondersteunen en aanmoedigen bij het onderzoeken welk gedrag positieve resultaten kan opleveren. De belangrijke rol die de trainer in dit proces speelt, is om de hoop op slagen te versterken waardoor de jongere het steeds meer voor mogelijk gaat houden dat er iets verandert.

In 2011 is er een boek verschenen over motiverende gespreksvoering met jongeren en jongvolwassenen van Naar-King en Suarez. Zij beschrijven drie belangrijke eigenschappen van de motiverende trainer (hier samengevat).

1. De motiverende trainer is *coöperatief.*
Motiverende gespreksvoering berust op een gelijkwaardige werkrelatie tussen de jongere en de trainer. Er is geen sprake van een ongelijke machtsrelatie, waarin de deskundige trainer de passieve jongere voorschrijft wat hij moet doen, maar van een actief coöperatief gesprek en een gezamenlijk proces van besluitvorming. Het werkboek *Mijn Slaap Plan* is dan ook zo opgezet, dat de oplossingen voor de slaapproblemen door de jongere bedacht worden, met hulp van de trainer waar nodig. Daarbij houdt de jongere de regie over de uit te proberen oplossing en denkt de trainer actief mee.

2. De motiverende trainer is *evocatief.*
Door middel van motiverende gespreksvoering probeert de trainer iets op te roepen bij de jongere wat hij al in zich heeft en de eigen motivatie en mogelijkheden voor verandering te activeren. Binnen de motiverende gespreksvoering wordt het aanleren van nieuw gedrag gekoppeld aan datgene wat jongeren zelf belangrijk vinden, aan hun eigen waarden en zorgen. Dat lukt alleen als een trainer de perspectieven van de jongere probeert te begrijpen, door hun eigen redenen en argumenten voor verandering op te roepen en uit te lokken. Dit wordt wel verandertaal genoemd. In box 2 staan voorbeelden van vragen die daarbij kunnen helpen.

3. De motiverende trainer *heeft respect voor de autonomie van de jongere.*
Motiverende gespreksvoering vereist ook dat de trainer, in tegenstelling tot de ouders van de jongere, geen persoonlijk belang heeft bij het gedrag van de jongere. Dat betekent dat een trainer de redenering van de jongere meestal volgt, ook al is dat niet hoe de trainer er zelf over denkt. De trainer probeert de visie van de jongere juist echt te begrijpen, probeert het zonder oordeel door de ogen van de jongere te zien. Dit geeft de jongere de ruimte om zelf na te denken over wat hij wil en hoe dat voor elkaar te krijgen op een manier die echt bij hem past. Deze ruimte maakt vaak ook ruimte vrij voor verandering. Behandelaren vinden dit vaak een lastige houding, omdat zij – net als de ouders – bang zijn dat de jongere niet de goede keuzes zal maken. Toch merken behandelaren die deze houding aandurven dat jongeren vaak heel goed weten wat goed voor ze is. Ook blijkt dat wanneer een trainer gaat confronteren, sturen en waarschuwen (hetgeen niet consistent is met motiverende gespreksvoering) dit juist een negatief effect blijkt te hebben

op behandeluitkomsten (Apodaca en Longabaugh 2009). Empathie is daarmee een belangrijk onderdeel binnen de motiverende gespreksvoering, aangezien trainers vanuit empathie zich gemakkelijker kunnen verplaatsen in de autonomie van de jongere.

> **Box 2 Vragen om verandertaal uit te lokken**
> 1. Verlangen: uitspraken over de wens om te veranderen
>   - Wat wil je?
>   - Wat zou je het liefst zien?
>   - Wat hoop je?
> 2. Vermogen: uitspraken over bekwaamheid
>   - Wat is er mogelijk?
>   - Wat zou je kunnen doen?
>   - Wat kun je doen?
>   - Waartoe ben je in staat?
> 3. Redenen: specifieke argumenten voor verandering
>   - Waarom zou je dit doen?
>   - Wat zou deze verandering je opleveren?
>   - Welke risico's wil je graag verminderen?
> 4. Behoefte/noodzaak: uitspraken over de plicht tot veranderen
>   - Hoeveel behoefte heb je eraan om dit te veranderen?
>   - Hoe belangrijk is deze verandering voor je?
> 5. Vastbeslotenheid: uitspraken over de aannemelijkheid van verandering
>   - Wat ben je van plan?
>   - Wat kun je proberen?
> 6. Stappen zetten: uitspraken over acties die zijn ondernomen
>   - Wat denk je te gaan doen?
>   - Wat doe je al om je doel te bereiken?
>
> Bron: Rollnick et al. (2009)

5.4 Wat te doen bij ambivalentie?

Bepaalde technieken van motiverende gespreksvoering blijken specifiek bij te dragen aan gedragsverandering. Dit zijn met name het opwekken van verandertaal en het verlagen van weerstand (Apodaca en Longabaugh 2009).

Wanneer werd gekeken naar de mate van directiviteit van therapeuten bleek dat minder directiviteit tot betere resultaten leidde bij cliënten met weerstand (Karno en Longabaugh 2005). Hoewel dit onderzoek niet bij jongeren werd gedaan, is de overeenkomst met 'weerstand' zoals die vaak bij jongeren wordt waargenomen groot.

Het is belangrijk dat een trainer goed aanvoelt wanneer er sprake is van ambivalentie om te veranderen. Jongeren willen vaak aan de ene kant graag veranderen, omdat zij weten dat de nieuwe oplossing hen kan helpen, maar hebben anderzijds toch ook moeite met de verandering omdat zij zich op hun gemak voelen binnen de oude gewoonten en aan verandering vaak ook nadelen kleven. Het gevolg is dat er niets verandert.

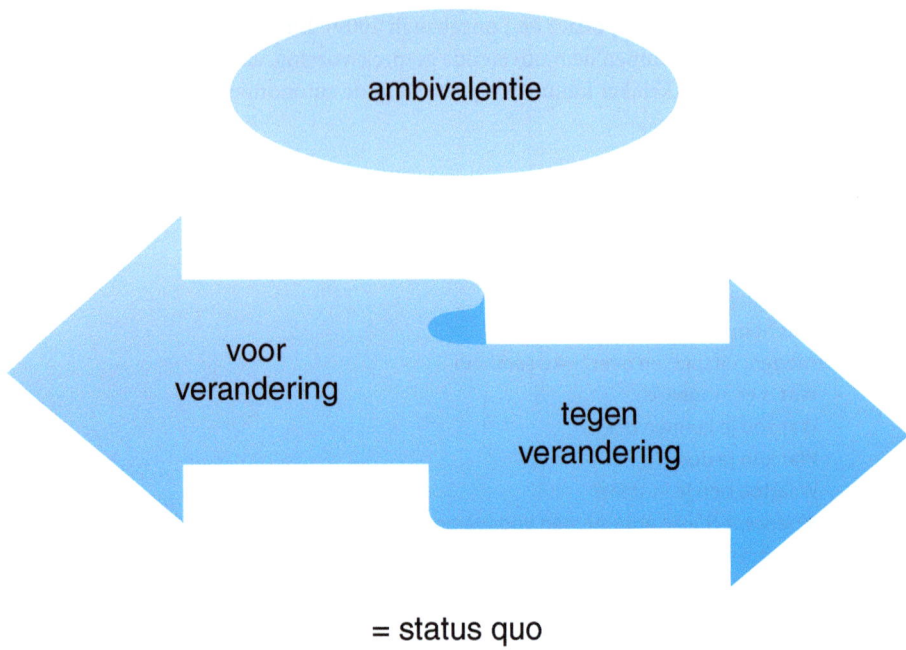

Figuur 5.1 Ambivalentie. Bron: Rollnick et al. (2009)

Rollnick et al. (2009) beschrijven dit als de status quo (zie fig. 5.1). In motiverende gespreksvoering spreekt men liever over 'ambivalentie' en 'status quo' dan over 'weerstand' omdat het anders lijkt alsof de jongere niet wil veranderen. Een jongere die aan het huidige gedrag wil vasthouden, zal dat in zijn bewoording laten horen, het is één kant van de ambivalentie.

Wanneer er sprake is van ambivalentie bij de jongere tegenover de gehele behandeling of tegenover een onderdeel ervan, leg dan het werkboek opzij om ruimte te maken voor gesprekstechnieken uit de motiverende gespreksvoering (uitlokken van verandertaal of de balans opmaken van deze training). Soms kan het zelfs nodig zijn om terug te gaan en te bespreken wat deze behandeling hem op kan leveren en wat de behandeldoelen ook al weer zijn. Pas wanneer daarna voldoende motivatie blijkt om door te gaan, kan worden teruggegaan naar het doel dat de jongere voor ogen heeft. Want pas dan is de jongere zelf klaar voor verandering en heeft het weer zin het boek erbij te pakken.

Vaak zijn ambivalente gevoelens bij jongeren vrij duidelijk te merken. Zeker wanneer de jongere zich voldoende veilig voelt binnen de therapeutische relatie, kan hij gerust hardop zeggen dat hij er het nut niet van inziet. Ook komt het vaak voor dat hij verveeld om zich heen gaat kijken, een passieve houding aanneemt of juist redenen aandraagt waarom hij niets met deze informatie wil gaan doen.

> **Let op!**
> Wanneer blijkt dat een jongere een besproken oplossing niet heeft uitgevoerd, betekent dit niet automatisch dat er sprake is van een motivatieprobleem of ambivalentie. Het kan ook een praktisch probleem zijn, bijvoorbeeld dat de manier waarop de oplossing was bedacht niet blijkt te werken voor deze jongere.

5.5 Motiverende gespreksvoering in het werkboek

Het opmaken van de balans (het voor- en nadelenschema) blijkt de meest effectieve techniek van motiverende gespreksvoering (Apodaca en Longabaugh 2009). Om deze reden wordt deze techniek ook gebruikt binnen *Mijn Slaap Plan*. Op het moment dat de jongere ambivalent staat tegenover een onderwerp, is het van belang eerst het doel van de jongere helder te krijgen. De trainer kan op elk willekeurig moment besluiten dat het handig is om het voor- en nadelenschema in te vullen als er ambivalentie aanwezig lijkt te zijn. Achterin het werkboek van de jongere zijn meerdere schema's te vinden. Tijdens dit proces wordt de jongere zoveel mogelijk vrij gelaten om zelf beslissingen te nemen. Stel daarom open vragen om het doel te formuleren. Wanneer het doel helder is, kan worden begonnen met het uitlokken van verandertaal.

In het geval dat de jongere ambivalent tegenover verandering staat, maar wel een doel geformuleerd heeft, kan de balans worden opgemaakt. Help de jongere eerst zelf het doel te formuleren dat met het nieuwe gedrag bereikt kan worden. Bespreek vervolgens de voor- en nadelen van zowel het nieuwe gedrag, als van de manier waarop de jongere op dit moment het doel probeert te bereiken. Probeer daarbij zowel de na- en voordelen op de korte als op de lange termijn te achterhalen. Dit levert vaak nieuwe informatie op en geeft erkenning voor het huidige gedrag. Het helpt om eerst de nadelen van het huidige gedrag te bespreken, vervolgens de voordelen van het huidige gedrag, als derde de nadelen van het nieuwe gedrag en te eindigen met de voordelen van het nieuwe gedrag. Op die manier worden de langetermijnvoordelen als laatste besproken en blijven deze het beste hangen.

Vraag na afloop wat de jongere wil doen: kiest hij voor verandering of wil hij het oude gedrag in stand houden? Eventueel kan het nieuwe gedrag als experiment uitgeprobeerd worden de komende week. Geef aan dat de week erop een evaluatie zal plaatsvinden. Het is van belang dat de trainer een open houding heeft over de keuze van de jongere: hij mag zelf aangeven wat hij wil veranderen en hoe, ongeacht wat het beste voor hem lijkt volgens anderen. Trainers mogen natuurlijk wel kritische of prikkelende vragen stellen om het denkproces te verduidelijken, zolang duidelijk is dat er geen oordeel is over de uiteindelijke keuze.

5.6 Evaluatie van de sessie

Uit onderzoek van Scott Miller blijkt dat de therapeutische relatie, en dan met name de door de cliënt ervaren relatie met de behandelaar (de zogenaamde alliantie ofwel therapeutische relatie), een zeer grote invloed heeft op het behandelsucces. Daarom wordt aangeraden om via evaluatievragen tijdens iedere sessie de mening van de jongere te vragen over de sessie en deze direct te bespreken. De trainer probeert vervolgens te bepalen wat hij anders zou kunnen doen in de volgende sessies. De therapeutische relatie wordt op deze manier in elke sessie besproken en levert duidelijke aanwijzingen op voor hoe de behandelaar verder moet gaan (Miller et al. 2006).

De evaluatie van de sessie zal er iedere week hetzelfde uitzien en is te vinden in de bijlagen van het werkboek. Na afloop van de sessie zal de jongere gevraagd worden aan de hand van een visueel analoge schaal feedback te geven op drie schalen:
- Of hij het idee had dat de trainer goed met hem samenwerkte.
- Of hetgeen besproken werd in de sessie nuttig voor hem was.
- Of hij denkt dat hij hetgeen besproken werd in de sessie ook daadwerkelijk gaat doen.

Kijk een andere kant op als de jongere de schalen scoort en vraag de jongere ze zo eerlijk mogelijk in te vullen. De feedback die de jongere geeft op de drie schalen, wordt vervolgens direct besproken. De richtlijnen voor het bespreken van de schalen zijn de volgende:

- Wanneer het kruis op een schaal ongeveer op 9 cm of hoger staat, ziet de score er goed uit. Benoem dit en vraag om onderbouwingen of suggesties voor hoe het nog beter kan.
- Wanneer de jongere een schaal onder de 9 cm heeft gewaardeerd, is het belangrijk om dit te bespreken. Omdat cliënten de schalen doorgaans hoog beoordelen, zijn alle scores onder de 9 reden om te bespreken hoe jullie er samen voor kunnen zorgen dat dit volgende week beter gaat.

Bedank de jongere iedere week voor de feedback en sta altijd open voor feedback. Wanneer niet wordt aangegeven dat de jongere op deze manier invloed kan uitoefenen op het verloop van de sessie, is de kans klein dat er eerlijke feedback komt. Wanneer er wordt getwijfeld over de eerlijkheid waarmee de jongere de schalen invult (met name bij het vermoeden van sociale wenselijkheid), kan de trainer zelf ook de schalen invullen op een kopie. Terwijl de jongere zijn schalen invult, vult de trainer de schalen ook in over hoe hij denkt dat de jongere tegen de sessie aankijkt. Vervolgens worden beide formulieren (van de jongere en trainer) naast elkaar gelegd en de verschillen besproken. Zorg er als trainer wel voor dat je daarbij de open en niet-oordelende houding vasthoudt. Als de jongere aangeeft dat hij meent wat hij heeft aangekruist, ga daar dan niet over in discussie. Eventueel kan nog gevraagd worden: Hoe denk jij dat het komt dat we de kruizen op zulke andere plekken hebben geplaatst?

Behandelaren kunnen het spannend vinden om de mening van een jongere te vragen. Probeer te onthouden dat er geen 'slecht nieuws' op de schalen te zien is, maar dat het een open communicatie is over hoe succesvol de training kan zijn. De eerlijke mening van de jongere geeft handvatten voor de verdere opbouw van de therapeutische relatie.

5.7 Rol van ouders bij onvoldoende motivatie van de jongere

Het kan gebeuren dat tijdens het doorlopen van een behandeling blijkt dat de jongere onvoldoende gemotiveerd is om te veranderen. Een motiverende gespreksvoeringstrainer laat dit gebeuren en stopt een behandeling. Bij het behandelen van volwassenen wordt dan besproken dat ze terug kunnen komen als hun motivatie toch nog verandert. Veel hulpverleners vinden het ingewikkeld om dit bij kinderen en jongeren te laten gebeuren. Zij zijn tenslotte minderjarig en volwassenen voelen toch de verantwoordelijkheid om voor hen te zorgen. In de gevallen waarbij een jongere er bewust voor kiest om zijn gedrag niet te veranderen, zal een motiverende gespreksvoeringstrainer dit respecteren en aangeven dat er een evaluatie met de ouders erbij gepland wordt om dit te bespreken. In deze evaluatie zal de jongere zijn ouders moeten vertellen dat hij niet wil veranderen. Het is bij kinderen en jongeren belangrijk dat er veilige kaders zijn waarbinnen zij vrij zijn om hun eigen keuzes te maken. Als ouders in een evaluatie aangeven dat zij akkoord zijn met de keuze om niet te veranderen en dit ook vanuit het perspectief van de hulpverlener veilig is, kan besloten worden om de behandeling te stoppen. Er kan dan ruimte worden gegeven om terug te komen voor behandeling als de motivatie verandert.

Indien de hulpverlener echter inschat dat een dergelijk besluit niet veilig is voor de ontwikkeling van de jongere, zal er actie ondernomen moeten worden. De hulpverlener stapt dan uit de rol van motiverend gespreksvoeringstrainer en kan dit ook zo benoemen. Er zullen dan afspraken over de veiligheid gemaakt moeten worden.

5.7 · Rol van ouders bij onvoldoende motivatie van de jongere

Veelal reageren ouders niet zo positief op de keuze van de jongere om niet te veranderen en laten dit ook blijken. Ze stellen bijvoorbeeld nieuwe grenzen of uiten hun teleurstelling, frustratie en boosheid. Dit kan voor nieuwe informatie zorgen en een verschuiving binnen de ambivalentie om te veranderen. De trainer kan dan aanbieden om deze nieuwe informatie nog eens met de jongere te bespreken om te onderzoeken of er iets verandert in de motivatie.

> **Box 3 Gesprek met ouders en jongere over onvoldoende motivatie**
>
> Arie is een 17-jarige jongen met een autismespectrumstoornis. Hij heeft zijn dag-nachtritme vrijwel volledig omgegooid, omdat hij de teamleider is binnen een game die hij met vooral Amerikaanse jongeren speelt. Zijn team is vooral 's nachts actief en hij voelt zich verantwoordelijk voor het verloop van het spel. Tijdens het onderzoek naar zijn motivatie blijkt hij zijn nachtelijke gamegedrag niet te willen opgeven, ondanks de nadelen die hij kan bedenken. De therapeut vermoedt dat hij onvoldoende inzicht heeft in de nadelen van deze keuze en Arie weerlegt de opties die worden voorgesteld. Daarom besluit de therapeut een gesprek te plannen met hem en zijn ouders.
>
> | | |
> |---|---|
> | Therapeut | 'Fijn dat jullie samen zijn gekomen. Arie en ik hebben zijn motivatie onderzocht om 's nachts te slapen in plaats van te gamen. Nu is gebleken dat Arie zijn team niet in de steek wil laten en hij geen andere mogelijkheid ziet dan 's nachts te gamen. Ik hoor graag van jullie hoe jullie hierover denken.' |
> | Vader | 'Nou, dat lijkt me wel duidelijk; daar zijn wij het niet mee eens, anders waren we ook niet gekomen voor deze behandeling natuurlijk.' |
> | Therapeut | 'Dat vermoeden had ik ook en dat maakt dit gesprek belangrijk, omdat we ook informatie nodig hebben van jullie. Wat voor gevolgen heeft het binnen jullie gezin als Arie besluit 's nachts toch verder te gaan met gamen?' |
> | Moeder | 'Dat betekent heel veel ruzie tussen ons allemaal, omdat wij dan doodmoe de strijd aan moeten gaan met Arie midden in de nacht.' |
> | Vader | 'Ja en dan zullen we uiteindelijk in een vechtpartij belanden, omdat ik zijn controller af wil pakken. Of we sluiten internet af ofzo.' |
> | Moeder | 'En dan wordt Arie woedend en krijgt hij aanvallen, die we allemaal vreselijk vinden. Zijn zus heeft daar ook heel veel last van.' |
> | Therapeut | 'Zijn er nog meer nadelen die jullie nu nog niet genoemd hebben?' |
> | Vader | 'Ik plaats hem in een afkickkliniek om van die gameverslaving af te komen hoor, ik ben het zo zat!' |
> | Therapeut | 'Goed, Arie, ik heb een hoop nieuwe informatie gehoord. Wil jij daar nog op reageren of zullen we eerst samen deze informatie toevoegen aan ons schema en dan bekijken hoe we verder gaan?' |
>
> Arie besluit eerst het schema te willen aanvullen. De ouders worden naar de wachtkamer gestuurd. Tijdens het gesprek met de ouders erbij leek Arie vrij stoïcijns te luisteren. De therapeut had eerder naar dergelijke nadelen gevraagd in de een-op-eengesprekken, maar Arie ontkende ze toen. Nu ze als feiten in het schema toegevoegd mogen worden, wil hij toch nogmaals erover nadenken of er geen andere oplossingen zijn.

Het werkboek Mijn Slaap Plan, stap voor stap

Samenvatting

Het is voor veel trainers en behandelaren die werken met protocollaire behandelingen prettig om per onderdeel van de behandeling te kunnen lezen waar zij op moeten letten tijdens de verschillende sessies met de jongere. Op die manier kunnen trainers zich goed voorbereiden op een sessie en hebben zij een duidelijk werkpunt waar zij mee aan de slag gaan. Aangezien *Mijn Slaap Plan* niet verdeeld is in afgebakende sessies maar in verschillende hoofdstukken, zullen de sessies qua inhoud en tempo sterk verschillen per jongere. De motivatie en kennis rondom slaapproblemen kan ver uiteen lopen, waardoor er een minder vastomlijnd plan voorhanden is. Dit vraagt om enige flexibiliteit van de trainers. Voor de trainers die van structuur houden, is in dit hoofdstuk uitgeschreven wat er in elk hoofdstuk van het werkboek aan bod komt. In dit hoofdstuk wordt doorgenomen wat er allemaal aan bod komt in alle hoofdstukken van het werkboek *Mijn Slaap Plan*. De rationale wordt uitgelegd, de opbouw, de verschillende interventies komen aan bod en er wordt stilgestaan bij veel voorkomende valkuilen.

6.1 Bespreking van H. 1 uit het werkboek: Onderzoek wat er allemaal verandert voor jou – 29
6.1.1 Doelen – 29
6.1.2 Is dat wel haalbaar? – 30
6.1.3 Voor- en nadelen – 30
6.1.4 Wil ik dit uitproberen? – 31
6.1.5 De algemene adviezen voor zeer gemotiveerde jongeren – 33
6.1.6 Nu al iets uitproberen? – 33
6.1.7 Thuisopdracht (optioneel) – 34

© Bohn Stafleu van Loghum is een imprint van Springer Media B.V., onderdeel van Springer Nature 2020
M. Kuin en B. Boyer, *Slaaptraining voor jongeren op basis van CGT en motiverende gespreksvoering*,
Kind en adolescent praktijkreeks, https://doi.org/10.1007/978-90-368-2332-6_6

6.2		Bespreking van H. 2 uit het werkboek: Belangrijk om te weten voordat je goed kunt slapen – 34
	6.2.1	Informatie in het werkboek – 35
	6.2.2	Aanvullende informatie bij het werkboek – 42
	6.2.3	Thuisopdracht – 42
6.3		Bespreking van H. 3 uit het werkboek: Onderzoek hoe je nu eigenlijk slaapt – 43
	6.3.1	Beginnen met een onderzoek – 43
	6.3.2	Een eerste stap – 45
	6.3.3	Tijdlijn – 45
	6.3.4	Heb je zorgen rondom slapen? – 46
	6.3.5	Onderzoek naar jouw slaap-waakritme – 48
	6.3.6	Meer onderzoek nodig? – 48
6.4		Bespreking van H. 4 uit het werkboek: Uitproberen maar: experimenteren! – 50
	6.4.1	Experimenteren met nieuw gedrag – 50
	6.4.2	Een goed experiment opzetten – 50
	6.4.3	Suggesties om de slaap te verbeteren – 52
6.5		Bespreking van H. 5 uit het werkboek: Huh? Waarom gaat het opeens weer zo moeilijk? – 55
	6.5.1	Evaluatie – 56
	6.5.2	Hoe merk je dat je terugvalt? – 56
	6.5.3	De beste plannen – 56
	6.5.4	Terugvalplan – 56
	6.5.5	Valkuilen – 57
	6.5.6	Volhouden ondanks valkuilen – 57

6.1 Bespreking van H. 1 uit het werkboek: Onderzoek wat er allemaal verandert voor jou

- **Doel van dit hoofdstuk**

Het doel van H. 1 is de motivatie onderzoeken om het slaapgedrag te veranderen: in hoeverre is er daadwerkelijk sprake van intrinsieke motivatie? Heeft het zin om de behandeling te beginnen, of moet de lijdenslast eerst nog groter worden? Is de motivatie voldoende om te kunnen experimenteren?

- **Opbouw van dit hoofdstuk**

Deze eerste sessie staat geheel in het teken van het exploreren van de motivatie voor verandering. Zonder oordeel kan er worden bekeken of de jongere wel toe is aan verandering of dat de voordelen van weinig slaap nog opwegen tegen de nadelen. Om dit in kaart te brengen worden twee oefeningen gedaan in deze sessie: de tabel met voor- en nadelen invullen en de wil en het vertrouwen om te kunnen veranderen in kaart brengen.

6.1.1 Doelen

Er wordt begonnen met het opschrijven van de doelen van de jongere. Dit wordt gedaan om meteen te openen met de vraag: wat wil jij veranderen? en daarmee aan te sluiten bij de motivatie van de jongere zelf. Daarnaast kan dit later nuttig blijken bij de evaluatie en op momenten dat de motivatie minder lijkt te worden. Er kan altijd bekeken worden wat ook alweer de doelen van de jongere zelf waren. Er staat een lijstje met voorbeelddoelen waaruit gekozen kan worden.

Als de jongere zelf geen doelen weet, kan hem gevraagd worden wat zijn ouders vinden dat er zou moeten veranderen. Vervolgens kan gevraagd worden of de jongere daar ook iets in ziet in dezelfde of een andere vorm.

Wanneer de jongere alleen nog vrij abstracte doelen kan bedenken, bijvoorbeeld: genoeg slapen, kan daar op dit moment nog genoegen mee worden genomen en kunnen ze worden opgeschreven. Wanneer in H. 2 psycho-educatie wordt gegeven over slapen en in H. 3 wordt uitgezocht in hoeverre de jongere al slaaphygiëne toepast, kunnen deze abstracte doelen concreet worden gemaakt, bijvoorbeeld naar: 8 uur slapen per nacht, of: iedere ochtend uiterlijk om 9 uur opstaan.

Er is een mogelijkheid voor de jongere om iedere week voor ieder doel aan te geven hoe hij vond dat het de afgelopen week is gegaan met het desbetreffende doel op een schaal van 1 (helemaal niet goed) tot 5 (heel goed). Vraag de jongere de doelenlijst in te vullen en de totaalscore te berekenen. In de bijlage van het werkboek staan meer tabellen onder elkaar waarmee goed bijgehouden kan worden of er vooruitgang zichtbaar is op de gestelde doelen. Het is van belang om oordeelloos te zijn over hoe het die week gegaan is met de doelen. Laat de jongere spuien als het niet goed is gegaan en bevestig als hij zich trots toont.

> **Let op!**
> Wanneer er in een week geen score is te geven voor een doel omdat er geen sprake was van het doelgedrag die week, kan er een – worden ingevuld. Een voorbeeld daarvan is het doel: Mijn tas 's avonds vroeger inpakken (zodat ik eerder naar bed kan). Bij dit doel kan een – genoteerd worden in een week dat er geen school was. Bij het vaststellen van de totaalscore kan dan een 3 gerekend worden, zodat de totaalscore er niet te veel door beïnvloed wordt.

6.1.2 Is dat wel haalbaar?

Het kan gebeuren dat er doelen worden gesteld die niet op korte termijn te halen zijn. Het is goed om de jongere daarop attent te maken, aangezien jongeren gedemotiveerd kunnen raken wanneer een doel niet op korte termijn gehaald wordt. Leg dit, na het invullen van de tabel, dan ook uit en wijs de jongere er nog expliciet op dat sommige doelen niet heel snel gehaald kunnen worden en dat dat moeilijk kan zijn, maar dat doorzetten daarbij belangrijk is.

Bij het invullen van de tabel kan nog wel eens twijfel ontstaan over wat dan precies korte of lange termijn is. Vertel de jongere dat dit voor iedereen anders is en dat hij dat zelf mag bepalen. Het gaat er tenslotte om dat de jongere zelf nadenkt over de termijn waarop een doel haalbaar is. Ook kan de jongere op dit moment nog onzeker zijn over de mening van de trainer over de doelen en de haalbaarheid ervan. Maak duidelijk dat alles wat de jongere wil invullen goed is. Dat betekent echter niet dat er geen vragen gesteld mogen worden. Wanneer de jongere bij het doel: Elke dag om 21.30 uur naar bed, aangeeft dat dit op korte termijn haalbaar is, terwijl de bedtijd nu rond 01.30 uur ligt, kan gevraagd worden wat de jongere verstaat onder korte termijn. Of je vraagt of de jongere dit een realistische verwachting vindt. Sluit daarna echter weer aan bij de redenering van de jongere.

6.1.3 Voor- en nadelen

Samen met de trainer worden in een tabel (■tab. 6.1) de voor- en nadelen ingvuld van hoe ik nu slaap en van als ik beter slaap. Het doel van een voor-en-nadelentabel invullen is het oordeelvrij exploreren van de afweging om het gedrag te veranderen. Vaak heeft de jongere voor zichzelf goede redenen om het slaappatroon te hebben dat hij nu heeft, maar is hij zich daar weinig van bewust: het gaat zoals het gaat. Door de tabel in te vullen krijgt de jongere meer inzicht in wat beide situaties kosten en opleveren en kan hij een weloverwogener keuze maken voor behandeling.

Vul de tabel zoveel mogelijk per cel in, waarbij wordt begonnen met de nadelen van het huidige gedrag en de voordelen van het huidige gedrag. Daarna worden de nadelen van beter slapen uitgewerkt en er wordt geëindigd met de voordelen van beter slapen. De reden voor deze werkwijze is dat er dan wordt geëindigd met de voordelen van het gewenste gedrag, hetgeen de kans vergroot dat er aan het eind van de oefening positief wordt gedacht over het gewenste gedrag. De trainer moedigt de jongere aan bij het bedenken van zoveel mogelijk voor- en nadelen en doet suggesties voor aanvullingen. Let er daarbij op dat de jongere deze mag accepteren maar ook mag afschieten als hij zich er niet in herkent. Ook kunnen er vragen worden gesteld om de jongere te doen nadenken over de gevolgen van het gedrag: Wat zou het effect ervan op je school kunnen zijn? Op je huiswerk? Op je stemming? Op je energie? Op je contact met je ouders? Met je vrienden?

Een valkuil bij het invullen van de tabel is dat de jongere geen dingen wil opschrijven die hij niet zeker weet. We weten bijvoorbeeld dat een slaaptekort bij veel mensen voor somberheid zorgt, maar de jongere weet niet zeker of dat bij hem ook zo is en daarom wil hij niet opschrijven: stemming verbetert. Wanneer dit het geval is, kan gekozen worden voor een formulering die beter aansluit bij de jongere: mogelijke verbetering van stemming.

Een tweede valkuil is dat jongeren vaak opmerken dat de voor- en nadelen van beide situaties hetzelfde zijn, maar dan andersom (de voordelen van huidige situatie zijn hetzelfde als de nadelen van de nieuwe situatie). Dit maakt dat ze soms geen zin hebben om beide cellen in te vullen. Toch is het zo, dat wanneer ze het wel invullen, het vaak een andere waarde krijgt.

Tabel 6.1 Voorbeelden van voor- en nadelen in twee situaties

	nadelen	voordelen
hoe ik nu slaap:	– Ik word onuitgerust wakker. – Ik ben moe op school en tijdens huiswerk. – Ik kan me niet goed concentreren. – Ik voel me somber. – Mijn moeder wordt boos als ik mijn bed niet uit kom. – Ik heb geen energie om te sporten. – Ik kom vaak te laat op school/vergeet lunch/vergeet gymspullen/mis de bus.	– Ik kan 's avonds doen waar ik zin in heb (tv-kijken, appen, bellen, skypen, gamen). – Ik kan zo lang mogelijk in mijn bed blijven liggen 's ochtends. – Mijn moeder zorgt dat mijn tas ingepakt is/smeert mijn brood/legt mijn kleren klaar.
als ik beter zou slapen:	– Ik moet aan de slag/het kost moeite. – Ik moet eerder naar bed. – Ik spreek mijn vrienden niet meer laat op de avond/misschien mis ik dingen. – Ik moet 's ochtends alles zelf doen.	– Beter uitgerust wakker worden. – Beter concentreren. – Minder ruzie met ouders. – Betere stemming. – Meer energie overdag. – Sporten gaat beter. – Ik voel me beter over mezelf. – Ik word zelfstandiger. – Ik krijg mijn huiswerk af. – Mogelijk haal ik betere cijfers.

Bovendien zijn er ook vaak aanvullingen met nieuwe overwegingen en is het van belang om de gehele overweging te overzien. Daarom adviseren wij om de jongere – ondanks de saaiheid van dubbel werk – aan te sporen de hele tabel in te vullen. Een compromis is altijd mogelijk in de vorm van trefwoorden.

Wanneer de tabel is ingevuld, kan het zijn dat er duidelijk meer voor- of nadelen in een van de cellen te zien zijn. Dit kun je benoemen: het geeft aan dat er veel redenen zijn om gedrag te behouden danwel te veranderen. Dit betekent echter niet dat de jongere die cel het belangrijkst vindt of zijn keuze daarop baseert. Mocht je dieper in willen gaan op de overwegingen, dan kun je de jongere vragen de argumenten die voor hem het belangrijkst zijn te onderstrepen.

6.1.4 Wil ik dit uitproberen?

Vanuit de motiverende gespreksvoering weten we dat het voor de motivatie van de jongere belangrijk is dat er een beslissing wordt genomen voor verandering. Nadat de jongere alle voor- en nadelen op een rij heeft gezet (de ambiguïteit heeft geëxploreerd), kan hij een weloverwogen beslissing nemen. Benadruk dat er nog geen kant-en-klaar plan direct ingezet gaat worden, maar dat het alleen gaat om ervoor te kiezen überhaupt iets anders uit te proberen.

De volgende vragen helpen om die keuze te maken:
1. Hoe graag wil je veranderen?
2. Hoeveel vertrouwen heb je erin dat het gaat lukken?

Deze vragen worden beantwoord door een cijfer te omcirkelen op een schaal van 1 tot 10. Hierbij staat een 1 voor: ik wil dit helemaal niet veranderen, of: ik heb er helemaal geen vertrouwen in dat het gaat lukken. Een 10 staat voor: ik wil dit heel graag veranderen, of: ik heb er alle vertrouwen in dat dit gaat lukken.

Wanneer de jongere een cijfer heeft omcirkeld, volgt de vraag: Wat maakt dat je niet voor een lager cijfer kiest? Wanneer de jongere een 5 heeft omcirkeld, vraag dan: Kun je uitleggen waarom je een 5 hebt gekozen en niet een 4? Door de vraag zo te stellen wordt verandertaal uitgelokt en de motivatie verhoogd, hoe laag het cijfer ook is dat in eerste instantie is gekozen. Dit vergroot ook het zelfvertrouwen in de mogelijkheid om te veranderen. Daarna volgt de vraag: Hoe zou het een hoger cijfer kunnen worden? Ook deze vraag lokt verandertaal uit. In het geval dat de adolescent een 5 heeft omcirkeld zou de vraag dus zijn: Hoe zou dit een 6 kunnen worden? Vraag niet hoe het een 10 zou kunnen worden (tenzij er een 9 als eerste antwoord is gegeven): de kans is groot dat dit demotiverend werkt omdat het een te grote stap is en de jongere het gevoel heeft dat er te veel van hem wordt verwacht. Wanneer er in eerste instantie een 10 wordt omcirkeld, vraag dan hoe het een 11 zou kunnen worden.

Op dezelfde manier wordt vervolgens de vraag: hoeveel vertrouwen heb je erin dat het gaat lukken? beantwoord. Door te vragen wat maakt dat de jongere niet voor een lager cijfer kiest, spreekt de jongere uit welke middelen hij al in huis heeft om het te veranderen gedrag uit te voeren; dit vergroot het zelfvertrouwen en motiveert tot verandering.

De vraag hoe het het cijfer hoger kan worden, geeft de mogelijkheid te onderzoeken met middelen de jongere denkt dit voor elkaar te krijgen. Hiermee worden de eerste stappen op weg naar verandering al concreet aangegeven en vaak geeft een antwoord ingangen om manieren te vinden om de situatie te verbeteren.

Deze oefening eindigt met de vraag: Is het de moeite waard om een andere manier van slapen te proberen?

Indien 'ja' wordt omcirkeld, kiest de jongere bewust zelf om ander gedrag te proberen en is de motivatie groot genoeg om door te gaan naar de volgende paragraaf.

Mocht een jongere niet klaar zijn voor verandering en 'nee' omcirkelen, dan is het een goed idee om te kijken hoe dat komt: heeft de jongere echt weinig motivatie, of heeft hij wel de motivatie, maar onvoldoende vertrouwen dat hij het ook echt kan?

Als de jongere weinig motivatie heeft, kan worden gekeken en besproken hoe deze motivatie verhoogd zou kunnen worden. Dat betekent bijvoorbeeld dat de nadelen van de huidige situatie groter moeten worden, of de voordelen van de gewenste situatie moeten groter worden gemaakt. Als in bed blijven liggen bijvoorbeeld betekent dat moeder boterhammen smeert, de tas inpakt of andere verantwoordelijkheden overneemt, zou de motivatie groter kunnen worden als zij daarmee stopt. Wanneer de school het steeds door de vingers ziet dat de jongere te laat de klas in komt, zal de motivatie groter worden als de school strenger optreedt.

Er zijn ook jongeren die meer nadenktijd nodig hebben om een keuze te maken. Bespreek dan samen hoeveel tijd daarvoor nodig is en hoe hij gaat onthouden om ook daadwerkelijk na te denken. De ervaring leert dat als dit niet expliciet en concreet wordt besproken, jongeren een week later pas in de wachtkamer of in de spreekkamer verder nadenken. Probeer mee te denken om haalbare afspraken te maken over de nadenktijd en exploreer ook hoe die nadenktijd zo nuttig mogelijk zal zijn.

Indien er toch nog onvoldoende motivatie blijkt tot verandering, wordt dit teruggekoppeld naar de ouders. In ▶ par. 5.7 wordt dit toegelicht.

6.1.5 De algemene adviezen voor zeer gemotiveerde jongeren

Als een jongere zeer gemotiveerd is om zijn slaapproblemen aan te pakken en nog weinig uitgeprobeerd heeft, kunnen de volgende algemene adviezen al voor voldoende positief effect zorgen. Het is belangrijk dat een trainer ook weet heeft van deze adviezen, zodat ze gegeven kunnen worden als een jongere daarom vraagt (tab. 6.2). Bespreek dan de principes en verwachtingen van een normale slaap en bespreek adviezen voor een goede nachtrust:

- Leg de principes van normale slaap uit (zie H. 2 van het werkboek).
- Leg uit dat het beter is om elke dag (ook in het weekend) op dezelfde tijd naar bed te gaan en op te staan.
- Zorg voor voldoende buitenlicht in de ochtenden (ook in het weekend).
- Slaap niet te lang uit in de weekenden en beperk de tijd waarin je wakker in bed ligt.
- Rituelen voor het slapengaan maken het inslapen makkelijker (lezen, glas warme melk/thee drinken, in bad gaan e.d.)
- Regelmaat in de dagindeling kan de werking van de rituelen versterken.
- Zorg voor warme voeten in bed (warme douche of bad in de avond helpt ook).
- Bouw de dag af, 1 tot 2 uur voor het slapengaan geen inspannende geestelijke of lichamelijke activiteiten meer ondernemen.
- Geen beeldscherm in de slaapkamer.
- Niet langdurig bezig zijn met smartphone, computerspellen of televisie voor het slapen (maximaal 30 minuten in de avond, mits niet te spannend).
- Wanneer de jongere wakker ligt, kan het helpen als hij naar een andere ruimte gaat om wat te lezen of televisie te kijken tot de vermoeidheid terugkomt.
- Wanneer de jongere alcohol gebruikt, maak duidelijk dat alcohol het *door*slapen belemmert. Liever helemaal geen alcohol gebruiken.
- Koffie, thee, cola en energiedranken bemoeilijken het *in*slapen, en dienen ook vermeden te worden vanaf 6 uur voor het slapen gaan.
- Roken, vet eten, en veel eten in de avonduren kunnen het inslapen bemoeilijken.
- Wijs erop dat een gezonde slaapkamer erg belangrijk is; goed geventileerd, donker, niet te rumoerig (oordopjes) en met een goed bed.
- Leg uit dat het steeds zien van de tijd op de wekker alleen maar onrust geeft, laat de jongere zijn wekker omdraaien.
- Leg het belang van voldoende (lichamelijke) inspanning overdag uit.
- Langdurig gebruik van slaapmiddelen kan juist slapeloosheid veroorzaken.
- Bij jongeren met een ernstig verstoord dag-nachtritme (bijvoorbeeld niet of nauwelijks in de ochtend naar buiten gaan) is blootstelling aan licht rond 8.00 uur aan te bevelen.

> **Let op!**
> Deze adviezen werken vaak niet als je ze geeft aan jongeren die er nog niet van overtuigd zijn dat ze echt iets aan hun slaapritme willen/kunnen gaan doen.

6.1.6 Nu al iets uitproberen?

Indien het lijkt alsof de jongere op dit punt aangekomen al behoorlijk gemotiveerd is om een en ander uit te proberen, kan bekeken worden of er samen een haalbaar plan gemaakt kan worden. Hiervoor kan bijvoorbeeld gekeken worden naar de antwoorden op de schaalvragen (bij 1.3): kijk samen hoe de jongere een stapje omhoog kan gaan.

Tabel 6.2 Principes van een goede slaaphygiëne (Meijer et al. 2008)

vaste slaapplaats	de jongere moet een eigen bed hebben dat op een vaste plaats staat
vaste, regelmatige bedtijden	dit is van groot belang om het natuurlijke slaap-waakritme op gang te helpen
tijdig bedtijd aankondigen door …	bijvoorbeeld 10 tot 20 minuten van tevoren
optimaliseren van de slaapomstandigheden	hierbij kan gedacht worden aan de temperatuur in de slaapkamer, voldoende verduistering en een rustige kamer helpen om externe verstoringen van de slaap te voorkomen
een bedritueel	bedrituelen benadrukken het afsluiten van de dag en het begin van het slapen
vermijden van stimulerende activiteiten	hierbij kan gedacht worden aan games, televisie of het drinken van cola
vermijden van dutjes overdag	dit voorkomt dat de dagslaap een negatieve invloed uitoefent op de nachtslaap

Het is belangrijk om in deze fase zeer terughoudend te zijn en erg bescheiden doelen te stellen. Het komt vaak voor dat jongeren wel gemotiveerd genoeg lijken, maar toch nog enig sociaal wenselijk gedrag vertonen. Hierdoor is de ambivalentie niet altijd zichtbaar en daardoor kunnen te vroeg ingezette plannen mislukken. Dit kan demotiverend werken. Het helpt om een plan als experiment aan te kondigen en aan te geven dat experimenten nooit kunnen mislukken, omdat alle opgedane kennis en informatie vanuit een experiment vooral bijdragen aan het perfectioneren van een eigen en uniek plan. Hiermee wordt de kans om te falen kleiner en zal de motivatie om nog een poging te wagen groeien.

6.1.7 Thuisopdracht (optioneel)

Wanneer de jongere erg gemotiveerd is om beter te gaan slapen, kan overwogen worden om hem H. 2 uit het werkboek als huiswerk mee te geven: de jongere kan zich dan alvast verdiepen in de psycho-educatie en nagaan hoe hij zelf met slaap omgaat door de bijbehorende vragen te beantwoorden.

6.2 Bespreking van H. 2 uit het werkboek: Belangrijk om te weten voordat je goed kunt slapen

- **Doel van dit hoofdstuk**

Het doel van H. 2 is het geven van psycho-educatie over slapen om de jongere te laten begrijpen hoe complex slaap in elkaar steekt en dat het niet gemakkelijk is om 'zomaar' beter te gaan slapen. Daarnaast kom je er als jongere en als trainer achter welke onderdelen van de slaaphygiëne verbeterd zouden kunnen worden. Als thuisopdracht wordt een slaapdagboek meegegeven om meer inzicht te krijgen in hoe de nachten van de jongere eruitzien.

6.2 · Bespreking van H. 2 uit het werkboek: Belangrijk om te weten ...

- **Opbouw van dit hoofdstuk**

Een goede interventie begint met duidelijke psycho-educatie, afgstemd op de jongere. Kennis van het slaapsysteem in een lichaam zorgt ervoor dat een jongere de adviezen kan begrijpen vanuit dit slaapsysteem, waardoor het belang van slaap benadrukt wordt. Dit versterkt de motivatie om nieuwe strategieën uit te proberen en vol te houden.

In dit hoofdstuk worden verschillende thema's rondom slapen besproken: Waarom slapen we eigenlijk? Hoeveel slaap heb je nodig? Wat is de beste inslaaptijd? Hoe werkt slaap in de hersenen? Wat kan allemaal de slaap in de hersenen verstoren? Ieder thema is zo opgebouwd, dat eerst informatie wordt gegeven en vervolgens aan de jongere wordt gevraagd hoe dat bij hem zit. Alle vragen die gesteld worden, hebben een niet-veroordelend karakter, maar zijn slechts ter onderzoek en uit interesse: hoe zit dat bij jou? Uiteindelijk geeft dit ook meteen een beeld over welke oplossingen zouden kunnen werken en die in de volgende hoofdstukken overgenomen kunnen worden.

6.2.1 Informatie in het werkboek

▶Box 4 bevat de informatie die in het werkboek wordt aangeboden. De sessie zal sneller verlopen wanneer de trainer deze informatie al kent. Gemotiveerde jongeren kunnen het hoofdstuk eventueel thuis al lezen en de vragen alvast beantwoorden. Tijdens de sessie kan dan worden besproken wat de jongere heeft ingevuld en of er nog aanvullingen nodig zijn.

Box 4 De informatie uit H. 2 van het werkboek *Mijn Slaap Plan*

Op internet kun je heel veel informatie over slapen vinden. Ook staan daar allemaal tips en adviezen om beter te gaan slapen. Het lastige aan internet is dat daar ook veel onbetrouwbare informatie staat en dat het ingewikkeld is de informatie die voor jou belangrijk is eruit te pikken.

In H. 2 van het werkboek staat alles wat je moet weten over slapen, zodat je daarna een goed plan kunt maken dat bij jou past. De vragen die erbij staan, kunnen helpen om een goed plan te maken. Hier volgt uitleg per paragraaf.

2.1 Waarom slapen we eigenlijk?

Je zou denken dat slapen vooral is om lekker uit te rusten. Dat merk je ook als je niet goed slaapt; dan voel je je overdag vermoeid en krijg je moeite met concentreren, waardoor leren lastiger is. Ook je humeur heeft te lijden onder slecht slapen: je wordt sneller boos of emotioneel en gaat drukker doen als je wakker wilt blijven. Uiteindelijk kan te weinig slaap tot somberheid leiden, maar ook tot bijvoorbeeld gezondheidsproblemen en middelenmisbruik (alcohol of drugs om te kunnen slapen).

Maar wat gebeurt er dan allemaal als je lekker ligt te slapen waardoor je je zoveel beter voelt daarna? Eigenlijk werken je hersenen enorm hard als je aan het slapen bent. Op hersenscans kun je dat meten: er is een enorme activiteit tijdens jouw slaap in je hersenen (zie fig. 2.1 van het werkboek).

Je hersenen zijn 's nachts bezig met verwerken, organiseren, groeien, bouwen en herstellen, zowel voor je lichaam als voor je geest. We slapen ook om te leren, want informatie wordt verbeterd en vastgehouden tijdens je slaap. Dat enorme archief kan ook wel wat opruimtijd gebruiken. De informatie die overdag binnenkomt in jouw hersenen,

wordt overdag opgeslagen in je kortetermijngeheugen. Dat geldt dus ook voor de informatie die je leert voor een toets! Al die informatie wordt 's nachts op de 'harde schijf' overgezet, waar het voor langere tijd bewaard kan blijven in je langetermijngeheugen. En overbodige informatie wordt in de prullenbak gegooid; heel efficiënt. Dus slapen zorgt er echt voor dat je gezond en slim wordt en de volgende dag weer fris kunt starten!
Als je iets nieuws leert en daarna goed slaapt, kun je je dat de volgende dag veel beter herinneren dan iemand die hetzelfde heeft geleerd maar niet (goed) heeft geslapen! Bizar toch?
Zoals je zelf vast al gemerkt hebt, is het veel moeilijker om je te concentreren als je te weinig slaapt. Als je sowieso al minder concentratie hebt dan gemiddeld is dat dus extra lastig! Ook zul je vaak minder zin hebben om iets te gaan doen als je moe bent, je kunt er somber van worden. Vermoeidheid kan grote invloed hebben op je leven, want om de dag door te komen, heb je wel energie nodig.

2.2 Hoeveel slaap heb je nodig?
Op deze vraag is geen duidelijk antwoord te geven. Ieder mens is uniek en heeft daardoor een andere hoeveelheid slaap nodig. Slaap is een soort zelfregulerend systeem en past zich aan je behoeftes aan als het 'normaal' gaat. Anders gezegd: je hersenen regelen zelf je slaap (zie verderop uitleg over de hersenen). Na langdurige inspanning, ziekte of heftige emoties bijvoorbeeld zorgen je hersenen er zelf voor dat je meer uren slaapt, zodat je daarvan kunt herstellen. Daarnaast verandert de hoeveelheid slaap die je nodig hebt in een mensenleven voortdurend.
En tenslotte hangt je slaapbehoefte enorm samen met hoe je dagschema eruitziet! Als je heel actief bent geweest en heel veel hebt meegemaakt, zul je meer goede slaapuren nodig hebben, dan als je de hele dag op de bank hangt. Vanuit onderzoek is er wel een soort gemiddelde slaaptijd ontdekt per leeftijdsfase. Kijk daarvoor naar fig. 2.2 en 2.3 van het werkboek.
Er is dus een richtlijn waar je je een beetje aan kunt houden (8,5 tot 10 uur per nacht), maar per mens zijn er altijd enorme verschillen in slaapbehoefte. Voor een deel is dat zelfs erfelijk bepaald. En ook het effect van slaaptekort op mensen wisselt enorm. De een gaat lachend door met een slaaptekort, de ander huilt om alles door een slaaptekort.
Maar hoe kom je er dan achter hoeveel slaap je nodig hebt? We weten uit onderzoek wel dat schoolcijfers slechter worden als je minder dan 7 uur per nacht slaapt. Het is dus handig om daar in ieder geval op uit te komen. Je kunt ook navragen bij je ouders of je van oorsprong een veelslaper of een weinigslaper bent. Dat onderscheid zie je namelijk vaak al bij heel jonge kinderen.
Was jij een veelslaper of een weinigslaper als jong kind? Waaraan merkten jouw ouders dat? Daarnaast kun je proberen te achterhalen hoeveel je sliep voordat slapen moeilijker werd. Dat is lastiger als je al je hele leven moeilijk slaapt, maar soms is er een periode geweest waarin dat wel goed ging.
Met hoeveel uren slaap functioneerde jij vroeger goed genoeg? Wanneer was dat en hoe merkte jij dat? Of wat merkten de mensen in jouw omgeving daarvan?

2.3 Wat is de beste inslaaptijd?
Ook bij deze vraag is er geen kant-en-klaar antwoord, maar er is wel iets interessants gebleken uit onderzoek: een vast ritme is eigenlijk het allerbeste voor een goede slaap.

Dat betekent elke dag ongeveer op dezelfde tijd gaan slapen en wakker worden. Slaap wordt namelijk beïnvloed door licht en donker. Omdat een goede slaap samenhangt met de hoeveelheid licht die er overdag is, slapen mensen in de winter vaak iets eerder dan in de zomer. Als je in de zomer later naar bed gaat en daardoor later wakker wordt, mis je het ochtendlicht in de eerste uren van de dag. In de zomer krijg je overdag voldoende licht om dat tekort weer op te heffen, in de winter niet. En dat is dus wel belangrijk voor een goede slaap en voor voldoende energie overdag. Best gek dat de uren in de ochtend al van invloed zijn op je slaap, maar zo werkt het in de hersenen (zie ook par. 2.4 in het werkboek). De meeste (jonge) kinderen gaan naar bed als het donker wordt en worden elke dag ongeveer op dezelfde tijd weer wakker, meestal vroeg en ook als ze vrij zijn. Nu blijkt uit onderzoek dat jongeren vaak een latere inslaaptijd hebben dan kinderen en volwassenen! Als vanzelf verschuift de inslaaptijd, waardoor je je opeens nog heel wakker en alert voelt om tien uur 's avonds en echt geen zin hebt om te slapen. Tegen de tijd dat je twintig wordt, wordt dat weer wat 'normaler' (zie fig. 2.4 van het werkboek). Zelfs bij puberdieren is dit effect gebleken. Het lijkt dus door de hormonen te komen (en niet door bijvoorbeeld beeldschermen; daarover verderop meer).

Als je geen school zou hebben, zou laat inslapen eigenlijk geen probleem hoeven te zijn. Dan kun je gerust rond twaalf of een uur 's nachts gaan slapen en rond negen uur wakker worden. Maar helaas beginnen de scholen, studies en werkdagen vroeg en daardoor hebben veel jongeren last van een chronisch slaaptekort en moeheid overdag. Dat laat zich deels compenseren in de weekeinden, maar echt lekker functioneert het slaapsysteem dan niet. Hoe zit dat bij jou? Wat is jouw ideale inslaaptijd in een wat langere vakantieperiode? Waaraan merk je dat dat een goede tijd is?

En wat zou een goede inslaaptijd zijn om aan jouw ideale slaapuren te komen als je wel naar school, studie of werk moet?

2.4 Hoe werkt slaap in de hersenen?

Wat weet jij eigenlijk al over hoe slaap in de hersenen werkt? Bespreek dat met je trainer en schrijf het op. Hoe weet je of deze informatie klopt?

Het is eigenlijk heel bijzonder hoe de hersenen jouw slaap regelen. Er is een slaapsysteem aan het werk in de hersenen en een waaksysteem (om wakker te worden/blijven). Er zijn allelei stoffen actief in je hersenen om door te geven aan jouw lichaam dat je mag slapen of wakker moet blijven. Deze stoffen heten neurotransmitters en regelen een heleboel in je hersenen. Na ongeveer zestien uur wakker zijn, geven deze stoffen aan jouw lichaam door dat er slaap nodig is en word je slaperig. Je kunt moeilijker nadenken, je spieren willen niet meer bewegen, je bloeddruk wordt lager en zelfs je lichaamstemperatuur verandert. Allemaal om ervoor te zorgen dat slapen makkelijker lukt.

Dat systeem noemen we de biologische klok. Een systeem in je hersenen dat uit zichzelf ervoor zorgt dat je op tijd gaat slapen. Alleen duurt de dag voor deze biologische klok ongeveer 10 minuten langer dan 24 uur. Als we dus alleen naar onze biologische klok zouden luisteren, zouden we na enkele maanden midden op de dag willen slapen. Die 10 minuten per dag schuiven de hele boel op. Daarom is er een hulpmiddel in de hersenen dat werkt op daglicht en schemering.

Als het dag wordt en we het daglicht feller zien worden, stelt een centrum in de hersenen de biologische klok bij: 'Aha, het wordt nu al dag, ik zal iets sneller een seintje geven dat je wakker mag worden.'

En 's avonds checkt dit centrum als het donker wordt ook nog of de biologische klok goed loopt: 'Oh, het wordt al donker, ik zal ervoor zorgen dat je niet te laat slaperig wordt.'
De biologische klok past zich aan, waardoor wij overdag actief kunnen zijn en 's nachts kunnen slapen.
Vooral het moment waarop het licht gaat worden en het moment dat het donker gaat worden, zijn voor jouw klok belangrijke ijkpunten. Als je dus in de ochtend nog ligt te slapen, mis je het licht van het begin van de dag en kan jouw klok zich minder goed aanpassen. En als je 's avonds helder licht aan hebt terwijl het buiten donker wordt, kan jouw klok zich weer niet aanpassen. Die klok houdt heel erg van een vast ritme; daar doet hij het het beste op. Uitslapen is voor jouw biologische klok dus erg onhandig, omdat hij de tijd dan niet kan bijstellen. Terwijl jouw lichaam waarschijnlijk snakt naar uitslapen in het weekeinde. Lichaam en klok zijn het dan niet met elkaar eens.
Daardoor loopt jouw biologische klok al snel uit de maat en geeft op een onhandig moment aan dat het tijd is om wakker te worden, bijvoorbeeld pas halverwege het vijfde lesuur, de eerste lesuren heb je dan half slapend bijgewoond. En al even onhandig is het dat je 's avonds klaarwakker in je bed ligt, terwijl het al heel laat is ...
In de vorige paragraaf werd uitgelegd dat veel jongeren liever later naar bed gaan en in het weekeinde uitslapen. Dan stelt de klok zich dus niet goed bij. Kijk eens of je samen met jouw trainer kunt bedenken hoe jij jouw biologische klok zou kunnen helpen om zich makkelijker in te stellen op een 24 uurschema?

2.5 Wat kan allemaal de slaap in de hersenen verstoren?
Om op handige tijden te kunnen slapen, zijn jouw hersenen de hele dag informatie aan het verwerken die van invloed is op jouw slaap. Een slaapprobleem is een 24 uursprobleem en niet alleen maar een slaapprobleem. Op de kwaliteit van je slaap hebben overdag en 's nachts allerlei zaken invloed, zoals: eten, stress, de temperatuur, middelengebruik, tijdsverschillen, beeldschermen en psychische problemen.

Eten
Wist je bijvoorbeeld dat je lichaam veel meer trek krijgt als je te weinig hebt geslapen? Je hersenen denken dan dat er te weinig energie is en proberen dit tekort aan te vullen. De meeste mensen gaan als ze moe zijn ongezonde dingen eten. Vetten en suikers geven een directe energieboost en dat voelt goed als je moe bent. Een nadeel is wel dat als je dat soort dingen aan het einde van de dag eet, je hersenen dan weer denken dat ze nog energie kwijt moet raken. En dus blijf je wakker en ga je niet in de 'dagafsluitstand': je bloeddruk blijft hoog, evenals je lichaamstemperatuur, je blijft nadenken en kunt zelfs onrust in je lichaam hebben. Je biologische klok is in de war! En in slaap vallen lukt dan niet. Hoe is het met jouw lichaam als je moe bent? Ga jij ook meer snoepen of snacken? En wat merk jij daarvan?

Stress
Ook te veel stress zorgt ervoor dat de hersenen in de war raken. Stress zorgt ervoor dat er een hormoon actiever wordt rondgestuurd in je lichaam: cortisol. Een belangrijk hormoon als er gevaar dreigt, want het zorgt ervoor dat je bloed sneller wordt rondgepompt, zodat je energie hebt om te vechten of vluchten. Daardoor overleef je gevaarlijke situaties beter. Dit systeem bestaat al sinds de oertijd. Als er een sabeltandtijger voor je neus stond, was

het niet handig om rustig na te denken wat je het beste kon doen, je moest direct reageren: vechten of vluchten! Cortisol helpt om snel te reageren op gevaar en dit systeem bestaat nog steeds in onze hersenen.

Alleen is er bij stress tegenwoordig meestal geen levensgevaar meer: er staat geen sabeltandtijger voor de ingang van de grot en je hoeft dus niet te kiezen tussen vechten of vluchten. Stress komt tegenwoordig eerder door zorgen die je je maakt over bijvoorbeeld school of over mensen om je heen. Toch werkt dat hormoon nog op dezelfde manier als in de oertijd. En bij stress maakt het jouw biologische klok 'wakker' op momenten waarop je eigenlijk wilt slapen … Ook dan gaat je hart sneller kloppen, voel je onrust in je lichaam, ga je sneller ademen, ga je nadenken over alle opties om van de stress af te komen en kun je daardoor niet ontspannen. Als je overdag te veel stress voelt en te weinig momenten van ontspanning hebt, merk je dat effect in bed nog.

Nachtmerries kunnen dat effect weer versterken. Hoe meer negatieve emoties overdag, hoe meer nachtmerries. Het verwerken van emoties gebeurt namelijk ook tijdens je slaap. Leren ontspannen is daarom vaak een onderdeel van een slaapverbeterplan.

Heb jij stress waardoor je niet goed kunt slapen? Waar komt dat meestal door en hoe gaat jouw lichaam daarmee om?

Wat doe jij om je lichaam en geest te laten ontspannen?

Koud-warm
Zelfs de temperatuur van je slaapkamer is van invloed op je slaapritme! Als de temperatuur tijdens je slaap opeens kouder of warmer wordt, geven jouw hersenen een seintje: wakker worden! Een elektrische deken of een kachel die 's morgens vroeg aanslaat, kan ervoor zorgen dat je te vroeg wakker wordt. Of als je raam wagenwijd openstaat en er een koude storm voorbijtrekt 's nachts. Je kamer koelt af en je wordt wakker.

Eerder is al gezegd dat je lichaamstemperatuur verandert als je slaperig wordt. Je lichaam wordt (iets) kouder. Dat helpt je biologische klok weer een beetje. Maar als je 's avonds laat nog heel actief gaat sporten, wordt je lichaam juist warmer. En dat helpt weer niet om slaperig te worden. Overdag of op de vroege avond sporten is juist wel weer heel goed om beter te slapen. Je verbruikt dan energie, waardoor je moe wordt. Door het zweten en het weer afkoelen van je huid, regel je ook weer een slaperig gevoel in je hersenen. Het duurt alleen best lang voordat je weer helemaal bent afgekoeld en dus kun je beter niet vlak voor het slapen nog sporten.

Wat wel kan helpen vlak voordat je gaat slapen? Een voetenbad of warme douche. Daarna koelt je huid af, doordat de lucht kouder is dan het warme water, en dat is precies wat de biologische klok fijn vindt in de slaperig-worden-fase. Sommige mensen slapen beter als ze vroeg in de avond douchen, anderen hebben juist voordeel van een late douche.

Hoe is dat bij jou? Hoe is de temperatuur in je kamer en in jouw lichaam geregeld?

Cafeïne, alcohol en andere drugs
Middelengebruik kan ook van invloed zijn op je slaapritme: cola, koffie, energiedrankjes, alcohol en drugs zorgen voor een totaal ontregelde biologische klok. Waarschijnlijk weet je wel dat cafeïne (cola, koffie, energiedrank) ervoor zorgt dat je je alerter of wakkerder voelt. Dat komt omdat cafeïne als een soort pepmiddel werkt; het pept je op en het kan best een tijd duren voordat het effect ervan weer helemaal verdwenen is. Maar wist je ook dat cafeïne in chocolade en thee zit?

Het is niet handig om vlak voor het slapen gaan nog iets te eten of drinken waarin cafeïne zit. Overigens zijn er ook mensen die prima slapen na een kan koffie in de avond, dus ook hier verschilt het effect per persoon.

Eet of drink jij 's avonds nog dingen waar cafeïne in zit? En wat merk je daarvan?

Bij alcohol- en drugsgebruik is er een gekke samenwerking met slaap. Veel jongeren (en volwassenen) drinken graag alcohol of gebruiken wiet, nicotine of hasj om te ontspannen. Je zou denken dat je daardoor ook beter kunt slapen, omdat je dan minder spanning voelt. Dat klopt ook vaak bij het inslapen. Je valt meestal sneller in slaap door drank. Alleen is uit onderzoek gebleken dat je binnen een paar uur weer wakker wordt en de rest van de nacht veel onrustiger slaapt dan zonder alchol in je bloed. Je slaapt dus veel minder effectief. 's Morgens voel je je daardoor vaak toch weer erg moe. Helemaal als je ook nog een kater hebt natuurlijk. Je gaat dan waarschijnlijk ongezonde dingen eten om je een beetje beter te voelen en komt de dag hangend door. Tegen de tijd dat je daar dan weer een beetje van bijgekomen bent, is het eigenlijk alweer bedtijd. Je voelt je dan net weer wat fijner en dan wil je liever iets leuks doen in plaats van slapen. Je biologische klok is totaal ontregeld. Hetzelfde geldt voor drugsgebruik. Door bijvoorbeeld wiet kun je je meer ontspannen voelen en beter inslapen, maar ook daarbij slaap je vervolgens minder diep en minder goed door. Daarnaast is ook bekend geworden dat veel en lang wiet of hasj gebruiken kan zorgen voor een sombere stemming. Door een sombere stemming gaan mensen meer piekeren en ook slechter slapen. Ook andere drugssoorten hebben effect op je slaapritme. Zoek ze maar eens op.

Hoe is dat bij jou? Gebruik jij alcohol of drugs om beter in slaap te vallen? Welke middelen gebruik je dan? En wat voor effect merk jij in de nacht en ochtend? Of gebruik je de middelen niet om beter te slapen, maar om andere redenen? Welk effect hebben ze dan op jouw slaapritme?

Tijdverschillen
Het twee keer per jaar verzetten van de klok van zomertijd naar wintertijd en andersom zorgt vaak ook voor een verstoring van de biologische klok. Uit onderzoek blijkt dat vooral late slapers (de meeste jongeren dus) vier weken later nog steeds last hebben van die verschoven klok en daardoor slechter slapen. Het duurt dus best lang voordat jouw biologische klok zich aangepast heeft aan die verschuiving! Hetzelfde gebeurt als je ver weg vliegt in de vakantie; door een jetlag kan jouw biologische klok ook helemaal in de war raken.

Merk jij ook dat slapen lastiger is als de tijd verschoven is? Heb je dat meer bij de zomertijd of meer bij de wintertijd? En wat merk je dan precies? En bij een jetlag?

Beeldscherm
Hoe zit dat nu precies met beeldschermen? Zorgen ze er echt voor dat je slechter slaapt? Daar is al veel onderzoek naar gedaan en de conclusies van die onderzoeken veranderen soms. Zo werd gedacht dat het zogenaamde blauwe licht van een beeldscherm ervoor zorgt dat je biologische klok in de war raakt. Als je aan het eind van een dag nog achter een beeldscherm zit, zoals televisie, laptop, telefoon of tablet, straalt daar blauw licht vanaf. In par. 2.4 is al beschreven dat de biologische klok zich aanpast aan het licht worden 's morgens en het donker worden 's avonds. Onderzoekers dachten dat je hersenen door dat blauwe licht een ander seintje binnenkregen, te weten: het is nog lang geen avond. En daardoor zou je lichaam actiever blijven dan zou moeten, waardoor je de volgende dag heel erg moe bent. Er is niet voor niets een nachtoptie op de meeste telefoons en tablets gekomen. Het gele licht zou minder effect hebben op de biologische klok.

Inmiddels is bekend dat het niet zo zeer gaat om het effect van het licht zelf, maar meer om de talrijke prikkels die vanaf beeldschermen binnenkomen. Je hersenen blijven daardoor wakker om die informatie te verwerken. Op de bank hangen en televisiekijken is minder ontspannend dan je denkt: je hersenen zijn dan nog zeer actief. In bed op je telefoon communiceren met anderen is eigenlijk nog slaapverstorender. Je hersenen zijn dan nog actiever informatie aan het verwerken (sociaal bezig zijn vraagt om veel activiteit) *en* je koppelt wakker zijn aan in je bed liggen. Daardoor raken je hersenen nog meer in de war. Eigenlijk gaat je lichaam langzaam richting slaapstand vanaf het begin van de avond en dit proces wordt dan uitgesteld, waardoor je pas later slaperig wordt. Daardoor kun je langer wakker liggen met nog actieve hersenen, die dan weer lekker kunnen gaan piekeren, waardoor je nog moeilijker in slaap valt.

Hoe ziet jouw beeldschermgedrag er in de avonden uit? Beschrijf het zo precies mogelijk, dat maakt de volgende hoofdstukken weer makkelijker.

Psychische problemen
Ten slotte zijn er psychische problemen die van invloed zijn op slapen. Uit onderzoek is gebleken dat meer dan de helft van de mensen met ADHD ook slaapproblemen heeft. Bij mensen met autisme is dat ongeveer de helft. Bij mensen met depressies worden ook heel veel slaapproblemen gezien, vaak door piekeren, waarbij de depressie en de slaapproblemen elkaar versterken. Hetzelfde geldt voor angsten. Eigenlijk zijn er dus best veel psychische problemen die effect hebben op het slapen of zelfs een onderdeel zijn van het slaapprobleem.

Heb jij een psychisch probleem dat van invloed is op je slapen of andersom? Wat merk jij daarvan?

Zijn er in dit hoofdstuk nog onderwerpen voorbijgekomen die nog niet in jouw voor-en-nadelentabel stonden, maar die er eigenlijk wel bij moeten? Vul de tabel dan aan en bespreek of dat gevolgen heeft voor de volgende stap.

Thuisopdracht
In het volgende hoofdstuk ga je verder onderzoeken hoe jouw slaappatroon er nu eigenlijk echt uitziet. Daarvoor is het belangrijk dat je zo veel mogelijk informatie hebt over jouw slaap en hoe het gaat als je wakker bent. Het is vaak lastig om precies te onthouden hoe je elke nacht (niet) slaapt. Soms denken mensen dat ze heel slecht slapen, terwijl dat eigenlijk wel meevalt of juist andersom: mensen denken dat ze goed slapen, terwijl dat in werkelijkheid tegenvalt. Om erachter te komen hoe het precies zit, kun je een dagboek bijhouden waarin je dat elke ochtend kunt vastleggen. Dan zit de informatie nog vers in je hoofd en weet je nog hoe je nacht is geweest. Door dat bij te houden krijg je meer informatie over jouw slaap en dat kan helpen om een plan te maken om je slaap te verbeteren. Omdat slapen ook beïnvloed wordt door wat je overdag doet, helpt het om daarnaast bij te houden wat je overdag allemaal gedaan hebt. Op die manier heb je de meeste informatie en kun je jouw plan het best afstemmen op wat jij nodig hebt!

Bespreek met jouw trainer of het handig is om een dagboek bij te houden. Bedenk samen hoe je dat wilt gaan doen. Figuur 2.6 (in het werkboek) is een voorbeeld van een slaapdagboek. Je kunt met verschillende kleuren of coderingen bijhouden hoe je dag-/nachtritme was. Bijvoorbeeld: blauw = slapen, paars = wakker liggen in bed, oranje = school, groen = lekker wakker, bruin = moe wakker, enzovoort. In de bijlage staan voorbeelden van dagboeken die je kunt invullen, maar er zijn ook apps en polsbandjes die je kunt gebruiken om je slaapritme bij te houden.

6.2.2 Aanvullende informatie bij het werkboek

De belangrijkste systemen van slaap zijn de *slaapdruk* en het *circadiaanse ritme*. De slaapdruk is de opgebouwde slaapbehoefte als iemand weinig geslapen heeft. Naarmate je langer wakker bent, neemt de slaapdruk toe. Dat komt doordat de signaalstof adenosine opgebouwd wordt als je wakker bent (Bosch 2007). Hoe langer je wakker bent en hoe meer activiteiten je onderneemt, hoe meer adonesine er in je bloed aanwezig is. Wanneer je de hele dag als een zombie op de bank hangt, zal dit een minder sterk effect hebben op de adenosinetoename, dan als je actief bezig bent. Zodra het adenosinegehalte in het bloed een bepaald niveau bereikt, kunnen daardoor de kernen in de hersenstam die ons wakker houden, worden uitgeschakeld. Als deze wakker-houd-kernen uitgeschakeld zijn, voel je je dus slaperig worden. Dus als de slaapdruk een bepaalde drempel overstijgt, word je slaperig.

De naam van het circadiaanse ritme komt uit het Latijn en betekent: ongeveer een dag. Het circadiaanse ritme is een slaap-waakritme dat ongeveer een dag duurt. Het circadiaanse ritme verhoogt of verlaagt de drempel die bepaalt bij welke slaapdruk je slaperig wordt. Hierdoor kan het gebeuren dat iemand met hoge slaapdruk op het ene moment van de dag gemakkelijk wakker blijft (de drempel is dan hoog) en op het andere moment wil slapen (de drempel is dan laag).

Het is de combinatie van slaapdruk en het circadiaanse ritme die ervoor zorgt dat mensen slaap hebben of wakker zijn (Krueger et al. 2008; Boer 2014).

Aangezien het circadiaanse ritme iets langer dan 24 uur duurt, moet dit ritme elke dag bijgesteld worden om gelijk te lopen met het natuurlijke dag-nachtpatroon. Dat bijstellen gebeurt op basis van licht. Ons oog is gemaakt voor het verwerken van informatie over licht in onze omgeving. Er zitten lichtgevoelige cellen in. Met name 's morgens en 's avonds vindt bijstelling plaats, omdat de lichtintensiteit op die momenten het sterkst verandert en het beste wordt waargenomen door deze cellen, waardoor het meest betrouwbare signaal binnenkomt. Blootstelling aan helder licht in de ochtend versnelt het ritme, zodat het circadiaanse ritme de volgende dag op een eerder tijdstip het lichaam zal melden dat het wakker moet worden. Helder licht in de avond doet juist het tegenovergestelde: het vertraagt de klok, zodat de volgende ochtend pas op een later moment verwacht wordt dat de zon opkomt!

Het is belangrijk dat je als trainer van jongeren met slaapproblemen weet hebt van dit mechanisme, zodat je daar op een toegankelijke manier informatie over kunt geven. In het werkboek *Mijn Slaap Plan* staat in H. 2 beschreven hoe het slaap-waakritme geregeld wordt en welke effecten externe factoren kunnen hebben. Zorg ervoor dat je als trainer ook goed op de hoogte bent van deze factoren, zodat je niet vergeet daar aandacht aan te besteden.

6.2.3 Thuisopdracht

Er bestaat meestal een verschil tussen de subjectief waargenomen slaap en de objectieve registratie ervan. Om die reden is het belangrijk om slaapgedrag te registreren om een duidelijker beeld te krijgen. Maar zelfs met die registratie kan een vertekend beeld ontstaan. Mensen met slaapproblemen interpreteren hun slaaptekort als ernstiger dan mensen die zeggen goed te slapen, zelfs als die slaap in uren hetzelfde is.

Slapen en waken zijn met elkaar verbonden. Wanneer een jongere slaapproblemen heeft, dient niet alleen naar de slaapfase gevraagd te worden, maar ook naar wat er overdag, in de waakperiode, gebeurt. In het werkboek wordt daar ook aandacht aan besteed. Daarnaast is het belangrijk om bij het vragen naar de slaap van de jongere het verschil tussen doordeweekse dagen en het weekeinde te bespreken wat slapen en waken betreft.

Het kan nuttig zijn om de jongere een slaap-waakdagboek bij te laten houden, waarin dagelijks (ook weekeinden en vakanties) dit soort informatie wordt genoteerd. In het slaap-waakdagboek kan door de jongere worden bijgehouden wanneer hij sliep, wakker was en welke activiteiten hij toen ondernam. Rondom het wakker worden is het belangrijk te weten of dit spontaan gebeurt of pas als hij wakker gemaakt wordt en of de jongere ongeveer een half uur na het wakker worden trek heeft in ontbijt. Indien aan de slaapbehoefte is voldaan, treedt rond dit tijdstip namelijk honger op (Van Bemmel 2001; Boer 2014).

Een slaap-waakdagboek is niet alleen van belang voor de diagnostiek, maar kan ook goed laten zien waaraan gewerkt gaat worden en wat gedurende de behandeling is bereikt. Nadat op grond van het dagboek duidelijkheid is gekregen over de variatie van de klacht over tijd, kunnen de meer specifieke punten aan bod komen, zoals levensgebeurtenissen die het slapen beïnvloed kunnen hebben (Van Bemmel 2001; Boer 2014).

Om de slaap van de jongere goed in kaart te brengen, kan een dagboek worden gebruikt. De registratie van slaap-waakuren door middel van een dagboek vraagt wel wat van de jongere, dus hoe lager die drempel, hoe beter. Het is mogelijk om een tabel te gebruiken zoals in fig. 2.6 van het werkboek, of er kan een app gebruikt worden. Er zijn inmiddels verschillende apps, telefoonfuncties en polsbandjes beschikbaar om slaapgedrag goed in kaart te brengen. Je kunt samen zoeken naar een geschikte registratiemethode voor deze jongere.

6.3 Bespreking van H. 3 uit het werkboek: Onderzoek hoe je nu eigenlijk slaapt

- **Doel van dit hoofdstuk**

Het doel van H. 3 is het slaap-waakritme van de jongere te onderzoeken, zodat de strategieën in het volgende hoofdstuk om de slaap te verbeteren gepersonaliseerd kunnen worden.

- **Opbouw van dit hoofdstuk**

In dit hoofdstuk worden alle onderdelen die van invloed kunnen zijn op het slapen bij deze jongere onderzocht. Hiertoe wordt gebruikgemaakt van wat er in de voorgaande hoofdstukken aan kennis is verzameld, wordt er een tijdlijn van het leven van de jongere gemaakt waarin de relatie met slaap wordt gelegd en wordt een vragenlijst ingevuld met mogelijke slaapproblemen. Vervolgens wordt op een rij gezet of er nog informatie ontbreekt en hoe die verzameld kan worden.

6.3.1 Beginnen met een onderzoek

Er wordt een functieanalyse (zie ◘fig. 6.1) gemaakt van het huidige (probleem)slaapgedrag.

In een functieanalyse wordt samen met de jongere onderzocht hoe het komt dat het probleemgedrag er op dit moment is. Dit wordt gedaan door de voor- en nadelen van het probleemgedrag in kaart te brengen (op zowel korte als langere termijn). Als cognitief gedragstherapeut ga je ervan uit dat er goede redenen zijn om dit gedrag in te zetten. Als het gedrag alleen maar nadelen kende, zou de jongere zijn gedrag immers allang veranderd hebben. Gemotiveerde jongeren kunnen het best raar vinden om te spreken van voordelen van probleemgedrag. Ze zien waarschijnlijk geen voordelen en hebben er last van en willen er vanaf. Het is dan belangrijk om uit te leggen dat mensen in het algemeen niet makkelijk veranderen en dat elk klein mogelijk voordeeltje toch indruk maakt in de hersenen, waardoor de kans op verandering afneemt.

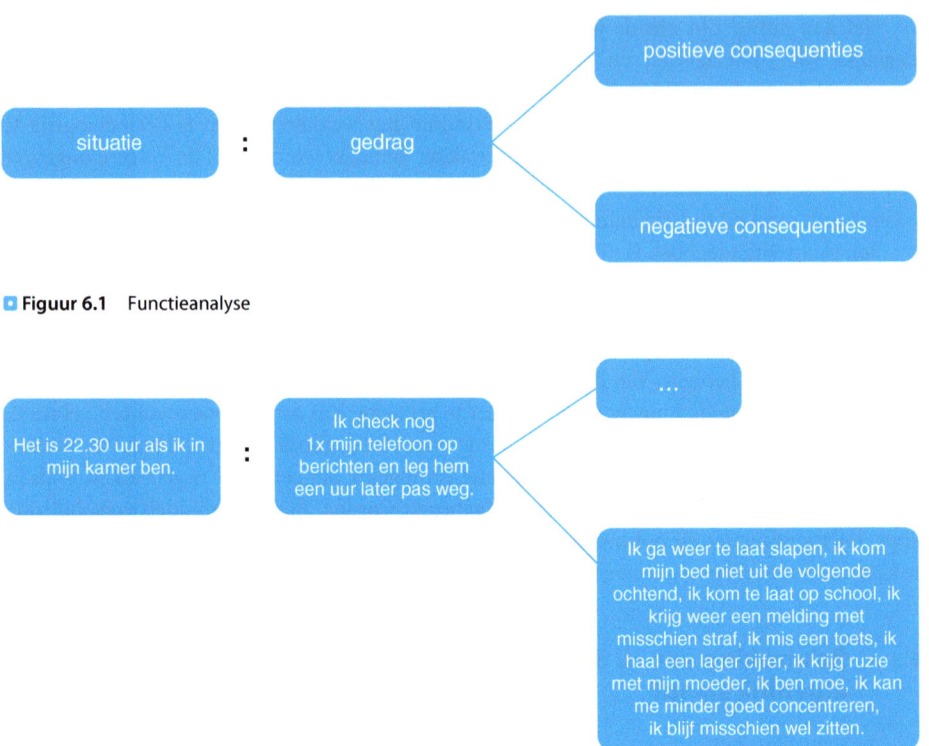

◘ **Figuur 6.1** Functieanalyse

◘ **Figuur 6.2** Functieanalyse zonder positieve consequenties

Het helpt om de situatie en het gedrag zo concreet mogelijk te beschrijven, en de consequenties op de korte en lange termijn te bespreken (zie ◘fig. 6.2).

Gemotiveerde jongeren zullen niet makkelijk een positieve consequentie kunnen bedenken en kunnen wel wat hulp gebruiken. Er zijn drie belangrijke positieve consequenties om na te vragen bij het gedrag:
1. Zwakt een negatief gevoel af door dit gedrag?
2. Levert het gedrag iets positiefs op?
3. Voorkomt het gedrag mogelijk iets negatiefs?

Bijvoorbeeld:
1. Zakt de spanning dat je misschien een belangrijk bericht mist als je niet kijkt?
2. Zorgt het ervoor dat je nog even positief contact hebt met je vriendinnen?
3. Voorkom je dat je belangrijke informatie mist of dat je buitengesloten wordt omdat jij al ligt te slapen terwijl iedereen nog aan het chatten is?

De functieanalyse kan er dan uit komen te zien als in ◘fig. 6.3 is weergegeven.

Ook als de jongere niet helemaal zeker is van de positieve consequenties, neemt het brein een mogelijk positieve consequentie zeer serieus. Daarmee probeert het zichzelf te beschermen tegen mogelijk falen, teleurstelling of ongemakken. Ook therapeuten moeten dat dus serieus nemen. Immers, als een therapeut puur en alleen maar begint met een gedragsverandering (telefoon beneden laten liggen bijvoorbeeld) en voorbij gaat aan de angst van

6.3 · Bespreking van H. 3 uit het werkboek: Onderzoek hoe je nu

> **Het is 22.30 uur als ik in mijn kamer ben.**
>
> :
>
> **Ik check nog 1x mijn telefoon op berichten en leg hem een uur later pas weg.**
>
> **Mijn onrust zakt, ik kan mijn vriendin nog welterusten zeggen, ik krijg de volgende dag geen kleinerende vragen over dat ik zo vroeg niet meer online was.**
>
> **Ik ga weer te laat slapen, ik kom mijn bed niet uit de volgende ochtend, ik kom te laat op school, ik krijg weer een melding met misschien straf, ik mis een toets, ik haal een lager cijfer, ik krijg ruzie met mijn moeder, ik ben moe, ik kan me minder goed concentreren, ik blijf misschien wel zitten.**

Figuur 6.3 Functieanalyse met positieve consequenties

buitengesloten te worden, is de kans groot dat de jongere de opdracht niet uitvoert, of dat hij zelfs stopt met de behandeling. Door een functieanalyse te maken kunnen dit soort valkuilen besproken worden met de jongere. Dit kan ervoor zorgen dat de gedachte van buitensluiten eens goed onderzocht wordt: Gebeurt dat echt? Als de gedachte inderdaad realistisch is, welke oplossingen zijn daarvoor te verzinnen? Pas als de jongere zich bewust is van de positieve en negatieve consequenties, kan hij oprecht toch voor gedragsverandering kiezen, ondanks de mogelijke onprettige gevolgen die hij tot nu toe vermeden heeft.

> **Let op!**
> In het werkboek *Mijn Slaap Plan* worden vaker voor-en-nadelentabellen gemaakt waarin de functieanalyse verwerkt is. Het is belangrijk om je als trainer bewust te zijn van de gedachte achter deze tabellen en niet voorbij te gaan aan de (vermeende) positieve consequenties.

6.3.2 Een eerste stap

In de voorgaande hoofdstukken heeft de jongere mogelijk al zaken bedacht die hij zou kunnen veranderen om beter te gaan slapen. Deze worden onder elkaar gezet om er een goed plan bij te kunnen bedenken. Eventueel kunnen de in H. 1 geformuleerde doelen geconcretiseerd worden op basis van de verzamelde informatie, zodat ze haalbaarder worden.

6.3.3 Tijdlijn

Om te onderzoeken welke gebeurtenissen van invloed (zouden kunnen) zijn geweest op de slaap van de jongere maakt hij samen met de trainer een tijdlijn. Op deze tijdlijn worden alle mogelijke veranderingen en gebeurtenissen gezet die volgens de jongere van invloed kunnen zijn geweest. Als trainer kun je voorbeelden geven en vragen stellen om meer gebeurtenissen op de tijdlijn te kunnen zetten. Gebeurtenissen die mogelijk van invloed kunnen zijn op slaap, zijn onder te verdelen in twee belangrijke categorieën: grote veranderingen en trauma's.

Onder grote veranderingen vallen bijvoorbeeld de geboorte van broertjes en zusjes, verhuizing, verandering van school. Als de jongere een grote verandering op de tijdlijn zet, is het belangrijk door te vragen wat specifiek zorgde voor slaapproblemen binnen die verandering. In het geval van een verhuizing kan het wennen aan het nieuwe huis voor slaapproblemen zorgen, maar het zou bijvoorbeeld ook kunnen dat het nieuwe huis minder donkere gordijnen heeft, lawaaiiger is of dat de jongere zich angstiger voelt in zijn kamer.

Onder trauma's kun je gebeurtenissen scharen die zorgen voor een chronische verhoging van de stressniveaus, zoals overlijden van dierbaren, geweld of verkrachting. In dit geval moet overwogen worden of er niet eerst een PTSS-behandeling moet worden ingezet voordat de slaapproblemen worden behandeld.

Mocht de jongere het moeilijk vinden om te bedenken wat hij heeft meegemaakt dat van invloed zou kunnen zijn, kan de trainer ook beginnen met de vraag: Zijn er eerdere periodes geweest waarin je slecht sliep? Of juist goed sliep? Dan kan van daaruit beredeneerd worden wanneer dat was en hoe dat kwam.

In het werkboek staat een voorbeeld van hoe zo'n tijdlijn er kan uitzien (in bijlage 3 is deze ook te vinden).

Vervolgens beantwoordt de jongere de volgende vragen: Kijk nu samen naar de tijdlijn. Valt er iets in op? Zijn er verbanden zichtbaar tussen bijvoorbeeld gebeurtenissen en slechte slaapperiodes? Zo ja, wat kunnen jij en je trainer met deze kennis doen? Mogelijke oorzaken van slaapproblemen kunnen hier worden opgeschreven zodat er in het volgende hoofdstuk oplossingen voor kunnen worden bedacht.

Ten slotte beantwoordt de jongere de vragen: En in de periodes dat je wel goed sliep, hoe kreeg je dat toen voor elkaar? Wat deed jij toen anders dan nu? Zit er iets bij wat je nu ook weer kunt gaan uitproberen? Probeer samen in kaart te brengen hoe het eerder wel lukte om te slapen. Het beantwoorden van deze vragen vergroot het vertrouwen bij de jongere dat het nu ook weer kan lukken en geeft al handvatten voor welke interventies er eerder in het leven van de jongere goed te implementeren waren.

6.3.4 Heb je zorgen rondom slapen?

De betekenisanalyse (fig. 6.4) onderzoekt wat ervoor zorgt dat er een heftige emotie optreedt in een bepaalde situatie: welke betekenis zit aan die situatie gekoppeld? Een betekenisanalyse kan onder andere inzicht geven in vragen als: Wat maakt dat een positieve consequentie uit de functieanalyse zo belangrijk voor jou is?

Als situatie kan vaak gekozen worden om te beschrijven hoe het eruit zou zien als ze iets niet zouden voorkomen (zoals beschreven in de functieanalyse; fig. 6.5). Er wordt tenslotte enorm veel energie gebruikt om iets ergs te voorkomen. Maar wat zou er gebeuren als dat toch zou gebeuren? Waar zijn ze dan precies bang voor?

De koppeling kan bij jongeren als een black box omschreven worden: *Niet bij iedereen roept het offline zijn zo'n spanning op. Blijkbaar gebeurt er iets in jou, in jouw black box, waardoor je dat zo spannend vindt. In die black box is informatie te vinden waardoor we beter begrijpen waar jouw gevoel vandaan komt. Zullen we daar eens naar op zoek gaan?*

6.3 · Bespreking van H. 3 uit het werkboek: Onderzoek hoe je nu

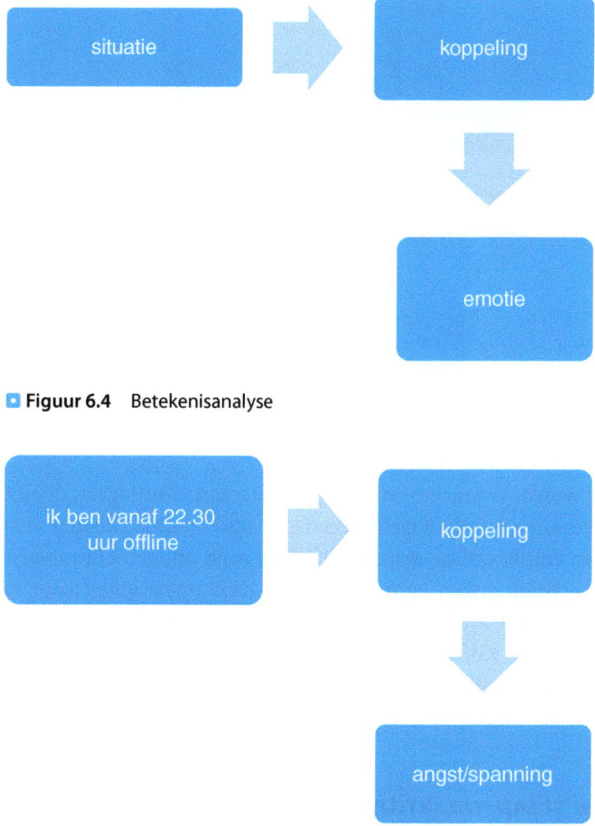

Figuur 6.4 Betekenisanalyse

Figuur 6.5 Betekenisanalyse zonder koppelingen

Er zijn bij jongeren drie veelvoorkomende en belangrijke koppelingen die een rol kunnen spelen in een betekenisanalyse: sequentiële relaties, referentiële relaties en identiteitsrelaties (Korrelboom en Ten Broeke 2014). Om die informatie te achterhalen, kunnen de volgende vragen helpen:
1. Welke 'ramp' denk je dat er gaat gebeuren? Wat voor ergs zou er kunnen gebeuren?
2. Doet deze situatie je aan iets denken van vroeger? Wat past bij dit gevoel?
3. Wat zegt dit over jou? Welk gevoel krijg je over jezelf? Hoe noemen anderen zo iemand?

De volgende vragen kunnen dan gesteld worden bij het voorbeeld:
1. Wat gaat er gebeuren als je offline bent? En dan? En dan? En wat is het ergste dat er dan kan gebeuren?
2. Heb je eerder iets meegemaakt dat je hieraan doet denken?
3. Welk gevoel krijg je dan over jezelf of wat vinden anderen dan van jou?

De betekenisanalyse kan er dan uitzien zoals in fig. 6.6.

Deze betekenisanalyse maakt het heel goed te begrijpen dat deze jongere per se nog online wil zijn om 22.30 uur. Net als bij de functieanalyse is de informatie in de betekenisanalyse niet altijd feitelijk en reëel, maar geeft het weer wat de koppeling in het brein is en ver-

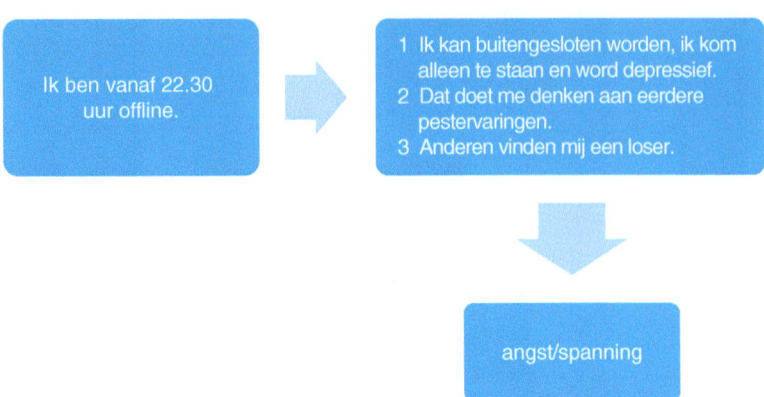

◘ **Figuur 6.6** Betekenisanalyse met koppelingen

klaart het de spanning die gevoeld wordt. Wanneer een therapeut daaraan voorbijgaat, doemt er een belangrijke valkuil op. Deze jongere zal mogelijk eerst een oud trauma moeten verwerken voordat hij het aandurft om eerder offline te gaan. Of er zal eerst onderzocht moeten worden of de rampen zich daadwerkelijk zullen voltrekken en of daar oplossingen voor te bedenken zijn. Wellicht kan een interventie op het zelfvertrouwen ook nog bijdragen aan een stevigere bodem om offline te durven zijn. Kortom, uit de betekenisanalyse kunnen er ondersteunende en/of zelfs noodzakelijke interventies naar voren komen die kunnen bijdragen aan een goede behandeling op maat.

6.3.5 Onderzoek naar jouw slaap-waakritme

In deze paragraaf wordt een vragenlijst ingevuld (◘ tab. 6.3) waarbij bij ieder onderdeel dat van invloed kan zijn op het slaap-waakritme wordt aangegeven of er voldoende informatie over is en of er een plan voor nodig is. Dit geeft in één oogopslag zicht op welke slaapproblemen aangepakt dienen te worden in H. 4. Er wordt gekozen tussen de kolommen: is er al voldoende informatie bekend bij de jongere, of is er nog onderzoek nodig? En heeft de jongere al de perfecte aanpak te pakken bij een onderdeel, of is er een nieuw plan nodig? Doordat er niet alleen aandacht is voor wat er nog moet veranderen, maar ook positieve aandacht voor datgene dat al lukt, kan het vertrouwen groeien bij jongeren die denken dat ze nog niets voor elkaar hebben gekregen. De jongeren die er te makkelijk over denken, zullen juist ontdekken dat er wel heel veel zaken zijn om over na te denken en daardoor mogelijk serieuzer omgaan met een nieuw plan.

6.3.6 Meer onderzoek nodig?

Wanneer uit de vragenlijst van ◘ tab. 6.3 onderwerpen naar voren komen waarover meer informatie nodig is, kan dat hier op een rij worden gezet. Vervolgens wordt per onderwerp een plan gemaakt over hoe die informatie verkregen wordt om de kans van slagen zo groot mogelijk te maken. Hiertoe worden per onderwerp de volgende vragen gesteld: Wat wil ik

6.3 · Bespreking van H. 3 uit het werkboek: Onderzoek hoe je nu

Tabel 6.3 Vragenlijst

	voldoende informatie!	onderzoek nodig?	perfecte aanpak!	plan nodig?
activiteiten overdag				
ontspanning overdag				
sport overdag				
buitenlucht overdag				
temperatuur van je kamer				
hoeveelheid daglicht				
hoeveelheid avondlicht				
eetgedrag in de avond				
beeldschermgedrag				
stressniveau overdag				
stressniveau in de avond				
piekeren in bed				
alcohol- en drugsgebruik				
psychische problemen				
naar-bed-gaan-tijd				
in-slaap-val-tijd				
wakker in bed liggen				
aanpak als ik wakker lig				
hoe vaak ik wakker word				
nachtmerries				
slaperigheidmomenten				
hoeveelheid uren slaap				
opsta-tijd				
regelmaat in slaaptijden				
dutjes overdag				
effect van slaaptekort				
slaapbehoefte				
slaapverstoorders				
slaapmedicatie				
piekeren				
anders, namelijk …				
anders, namelijk …				
anders, namelijk …				

precies gaan onderzoeken? Hoe kom ik aan die informatie? Heb ik daar iets voor nodig? Hoe ga ik dat regelen? Hoe onthoud ik dat ik dat ga doen? Hoe ga ik de informatie verzamelen en meenemen de volgende keer?

6.4 Bespreking van H. 4 uit het werkboek: Uitproberen maar: experimenteren!

- Doel van dit hoofdstuk

Het opzetten en uitwerken van experimenten om het slaapgedrag te verbeteren.

- Opbouw van dit hoofdstuk

Om te beginnen wordt er uitleg gegeven over wat een experiment is: een manier om te onderzoeken wat goed werkt en wat er nog moet worden aangepast. Zo bezien kan een experiment dus nooit mislukken. Er is gelegenheid om meerdere experimenten op te zetten om uit te zoeken of er een positief effect behaald kan worden met gedragsverandering. Bij elk experiment wordt de mogelijkheid geboden om het *niet* uit te proberen (motiverende gespreksvoering).

6.4.1 Experimenteren met nieuw gedrag

Er wordt uitleg gegeven over wat een experiment is en dat een goed experiment niet kan mislukken, omdat het altijd bruikbare informatie oplevert voor de toekomst. Vervolgens worden de doelen en plannen uit de voorgaande hoofdstukken op een rij gezet en wordt gekozen met welk doel de jongere wil beginnen. Hierbij is het van belang dat niet een te groot doel wordt gekozen om de haalbaarheid te vergroten, en dat een doel wordt gekozen waarvan wordt verwacht dat het snel een positief resultaat zal opleveren. De trainer kan hierover vragen stellen om te helpen kiezen met welk doel begonnen zal worden: welk doel is het meest haalbaar en welk doel zou het meeste opleveren?

6.4.2 Een goed experiment opzetten

In deze paragraaf staan vijf schema's om een experiment op te zetten (zie ▶ box 5). Er wordt geadviseerd maximaal 1 experiment per week uit te voeren, zodat er niet te veel hooi op de vork wordt genomen en de kans van slagen zo groot mogelijk is. Dat betekent dat er enkele weken aan dit hoofdstuk gewerkt kan worden. Probeer het doel zo concreet mogelijk te formuleren: wanneer vindt de jongere dat het doel is behaald?

Vervolgens wordt de jongere gevraagd om zo veel mogelijk oplossingen te bedenken om het doel te behalen. Er is ruimte voor acht oplossingen, maar minder mag ook. Geef dat ook direct aan: het is de bedoeling zoveel mogelijk oplossingen te bedenken, maar het hoeven er niet precies acht te zijn. De trainer mag ook oplossingen verzinnen. Zo krijg je een lijst met goede, maar ook minder goede oplossingen. Het doel hiervan is dat de jongere ziet dat er meer mogelijkheden zijn dan hij denkt om een doel te bereiken. Het is aan hem om te kiezen welke oplossing hij vervolgens verder wil uitwerken. Hiertoe mag de jongere de drie oplossingen markeren die hem het meest aanspreken. Uit die drie kiest hij vervolgens de oplossing die hij deze week gaat proberen.

6.4 · Bespreking van H. 4 uit het werkboek: Uitproberen maar …

De ervaring leert dat de kans van slagen groter wordt naarmate het plan gedetailleerder wordt uitgewerkt. Het is de taak van de trainer om deze uitwerking zo concreet mogelijk te krijgen en ook goed aandacht te besteden aan de mogelijke valkuilen, zodat deze kunnen worden vermeden. Hierin mag een trainer advocaat van de duivel spelen zolang voor de jongere duidelijk is dat dit wordt gedaan om het plan zo goed mogelijk te maken: *Ik ga ervan uit dat jij stiekem tijdens de saaie lessen slaapt of half slaapt als je een halve nacht wakker bent geweest, toch? Dus hoe ga je ervoor zorgen dat je dan niet stiekem bijslaapt? Want anders lig je de nacht erna weer wakker en blijft het dag-nachtritme ingewikkeld.* Een belangrijk uitgangspunt bij het opzetten van de experimenten is dat de haalbaarheid ervan goed in de gaten wordt gehouden.

Vervolgens wordt gevraagd of de jongere het experiment nog steeds zou willen uitproberen. Wanneer er ambivalentie ontstaat over het uitproberen van het experiment kan hierover een voor-en-nadelentabel worden ingevuld (zie bijlage 2). Wanneer de jongere het inderdaad wil uitproberen, wordt bedacht hoe lang de jongere het uit zal proberen om erachter te komen of hij er iets aan heeft.

De laatste vraag uit het schema over wat het experiment aan informatie heeft opgeleverd, kan worden ingevoerd nadat het experiment is uitgevoerd. Vervolgens kan worden gevraagd of het experiment moet worden aangepast op basis van de nieuwe informatie en zo ja, hoe dan.

Box 5 Ingevuld schema uit het werkboek om een goed experiment op te zetten

Experiment 1
Welk doel wil ik behalen?
Iedere dag voor 9 uur opstaan (ook in het weekend)
Mogelijke oplossingen om dit doel te bereiken:

1. _Wekker zetten om 8.50 uur*_

2. _Mama vragen om lekker ontbijt in huis te halen (aardbeien) voor als het me lukt*_

3. _Niet meer snoozen*_

4. _Een briefje naast mijn bed hangen 'dit is nodig om beter te kunnen slapen'_

5. _Toch lekker blijven liggen_

6. _Zorgen dat ik altijd een afspraak met iemand heb in de ochtend_

7. _Extra wekkers zetten_

8. _Een weddenschap afsluiten met een vriend over opstaan-tijd_

Geef met een markering* aan wat jouw drie favoriete oplossingen zijn.
Welke ga ik uitproberen?
Ik ga ze alle drie uitproberen
Hoe ga ik dat doen?
Mijn wekker zetten om 8.50 en aan mijn moeder vragen of ze me wil helpen door te zorgen dat er lekker fruit in huis is. Niet meer snoozen wordt moeilijker, maar ga ik me goed voornemen en denken 'je kan het!'.

Welke valkuilen verwacht ik? Welke dingen maken het moeilijker om het plan uit te proberen en vol te houden?

<u>Ik app meteen even nu om het te vragen. Ik ga heel hard proberen niet te snoozen en goed denken aan dat ik het kan en dat ik dan een lekker ontbijt verdiend heb. Als het niet lukt kunnen we volgende week iets nieuws proberen.</u>

Hoe los ik dat op?

<u>Dat ik vergeet het te vragen. Dat ik toch ga snoozen.</u>

Wil ik het experiment nog steeds uitproberen? JA/~~NEE~~

Zo ja, hoe lang wil ik dit uitproberen? (*Zorg ervoor dat je voldoende kansen krijgt om informatie te verzamelen over de werking van dit plan.*)

<u>Twee weken</u>

Na afloop: Wat heeft het plan opgeleverd aan informatie?
Moet het experiment worden aangepast? Zo ja, hoe?

6.4.3 Suggesties om de slaap te verbeteren

Na het stellen van een doel waar de jongere aan wil werken, wordt er samen met de trainer gebrainstormd over mogelijke strategieën om het doel te behalen. Hierbij mag de trainer ook suggesties doen, zolang de jongere de keuze heeft of hij deze daadwerkelijk wil uitvoeren. In ▶ par. 6.1.5 staan allerlei algemene adviezen die hierbij geopperd kunnen worden. Hieronder zullen verschillende voorbeelden worden gegeven die worden geadviseerd voor jongeren om hun slaap te verbeteren. De trainer kan deze ideeën aandragen bij de brainstorm, zodat de jongere deze in overweging kan nemen om uit te proberen.

- **Suggesties wanneer jongeren elke avond veel te laat naar bed gaan om te gaan slapen**

Heel laat slapende jongeren blijken het moeilijk te vinden om vroeger naar bed te gaan, maar kunnen hun slaap wel goed *door*schuiven. Daar zijn twee manieren voor:
1. De bedtijd langzaam doorschuiven. In plaats van vroeger naar bed te gaan, gaat de jongere juist elke dag later naar bed. De bedtijd schuift elke dag een uur op, totdat de jongere op een 'normaal' moment kan gaan slapen. Dus wanneer de jongere op dit moment om 3 uur in de nacht pas gaat slapen, mag hij eerst pas om 4 uur in de nacht gaan slapen, de dag erna ongeveer 5 uur, dag erna ongeveer 6 uur enzovoort. Het is belangrijk dat de jongere er wel voor zorgt dat hij iedere dag voldoende slaapt (ongeveer 8 uur), zodat hij de dag erna weer goed later naar bed kan gaan. Als hij wakker is, moet de jongere zorgen voor voldoende activiteit, zodat hij goed wakker is en alvast 'oefent' met het verschil tussen wakker zijn en slapen. Binnen twee weken komt de jongere ongeveer op de gewenste bedtijd uit. Zodra dat gelukt is, moet de wekker worden gezet op een opsta-tijd die past bij het dagrooster, zodat de jongere dit nieuwe slaappatroon kan verankeren. Dit is een vrij intensief plan en het betekent dat de jongere ongeveer twee weken lang overdag niet op school of werk moet kunnen zijn. Daar zullen van tevoren afspraken over moeten worden gemaakt met ouders en school of werkgever.
2. Een nacht overslaan. Dit is een snellere manier dan het doorschuiven van de slaaptijd. De jongere mag een hele nacht niet slapen en moet zichzelf dus wakker zien te houden. Hij gaat overdag gewoon naar school of werk en moet ervoor zorgen dat hij overdag niet in

slaap valt. Het helpt de jongere om activiteiten in de buitenlucht te doen en ervoor te zorgen dat er hulp is ingeschakeld om hem wakker te houden! De avond erna mag de jongere rond 22 uur pas naar bed en de wekker moet vervolgens op 7 uur gezet worden, zodat de jongere niet te lang slaapt en daarmee de biologische klok weer in een normaal ritme dwingt. Ook die dag zal de jongere nog slaperig zijn en zal hij hard moeten werken om wakker te blijven. Ook dit plan moet goed getimed worden, zodat het niet in weken met belangrijke toetsen valt bijvoorbeeld. Ook toestemming en hulp van ouders kan helpen.

- Suggesties wanneer jongeren moeite hebben met ontspannen

Ontspanningsoefeningen kunnen helpen om jongeren meer te laten ontspannen. Veel jongeren met onvoldoende motivatie tot veranderingen tonen weinig enthousiasme voor een dergelijke suggestie. Mocht dit zo lijken te zijn, dan kan een na-en-voordelentabel helpen om te onderzoeken of er voldoende positieve consequenties zijn om een experiment uit te voeren. Op YouTube zijn verschillende ontspanningsoefeningen te vinden; van geleide meditatie tot progressieve relaxatie en ASMR (*Autonomous Sensory Meridian Respons*). Daarnaast kan de moeite om te ontspannen te maken hebben met zorgen of geheimen waarmee een jongere rondloopt. Vraag na of hier sprake van is en probeer samen te ontdekken of er iemand is met wie hij kan praten. Mocht er niemand zijn, of is de jongere zeer afwerend, bespreek dan dat uit onderzoek is gebleken dat het bijhouden van een dagboek waarin dit soort zaken worden opgeschreven al kan zorgen voor een beter gevoel. Het is dan aan de jongere om hier wel of niet iets mee te doen. Vergeet niet om te bespreken dat inspanning ook voor ontspanning kan zorgen (intensief sporten zorgt vervolgens voor ontspanning).

- Suggesties wanneer jongeren veel piekeren in bed

Er zijn verschillende interventies die kunnen helpen bij de piekerende jongeren, zoals het instellen van een piekerkwartier, of een piekerprotocol invoeren (vooral zinvol als de jongere overdag ook veelvuldig piekert). Een taak-concentratietraining kan ook helpen om de aandacht te richten op andere zaken en ontspanningsoefeningen zijn voor sommige jongeren met piekerproblemen heilzaam, evenals intensief sporten.

- Suggesties wanneer jongeren heel lang wakker liggen in bed en zich zorgen maken over hun slaapuren

Metapiekeren over te weinig uren slaap komt veel voor. Jongeren kunnen zich zorgen maken over hoe lang ze al wakker liggen en hoe weinig uren slaap er daardoor nog overblijven. Er zijn jongeren die vanwege hun tekort aan slaap al vroeg naar bed gaan (om slaap in te halen), bijvoorbeeld om 21 uur, maar vervolgens nog uren wakker liggen. Ze kunnen zich zorgen maken over de effecten die dat kan hebben op hun dagelijkse activiteiten, bijvoorbeeld: het is al 02.00 uur en ik moet vroeg opstaan, want ik heb morgen een toets en doordat ik me dan niet kan concentreren haal ik daarvoor vast een slecht cijfer. Maar bij langdurig wakker liggen zonder slapen, kan het piekeronderwerp zich ook vooral richten op het tekort aan slaapuren, bijvoorbeeld: het is al 02.00 uur en ik slaap nog steeds niet, het is 02.22 en ik slaap nog steeds niet, o nee, het is al 02.35 en ik slaap nog steeds niet, dit komt niet meer goed. In die gevallen kan het zinnig zijn om de wekker om te draaien en *slaaprestrictie* in te zetten.

» Je lichaam heeft nu een verbinding gelegd tussen wakker zijn en in bed liggen. Als je dat wilt doorbreken, zul je minder uren wakker in bed moeten liggen. Dat betekent dat je niet meer zo vroeg naar bed mag gaan, maar pas als de slaapdruk er echt is. Slaapdruk is het gevoel dat je krijgt als je lichaam signalen geeft dat de slaapbehoefte toeneemt, zoals gapen, in je ogen wrijven of als je oogleden of hoofd steeds meer gaan hangen. Misschien is dat pas rond 23.30 uur. Dan mag je dan pas naar bed in plaats van om 21 uur. Als je in bed merkt dat je weer klaarwakker bent, moet je weer uit je bed en iets rustigs doen (zoals een boek lezen, of rustige muziek luisteren) tot de slaapdruk weer toeneemt, en dan ga je je bed weer in. Op die manier train je je lichaam om in bed liggen weer te koppelen aan slapen. Je lichaam heeft nu al een hele tijd getraind om wakker in bed te liggen, dus het zal niet in één keer een nieuwe koppeling gemaakt hebben. Dat betekent dat je dit een tijdje moet doorzetten en ook elke dag (ook in het weekeinde) op een redelijk vroeg tijdstip moet opstaan, zodat de slaapdruk 's avonds weer een kans krijgt. Zou je het willen proberen en hoe lang denk je dat jouw lichaam nodig heeft om dit goed te trainen?

- **Suggesties wanneer jongeren te weinig buiten komen of sporten op een dag**

Een lichaam heeft beweging en activiteit nodig om moe te worden. Daarnaast helpt daglicht om de biologische klok zo accuraat mogelijk te laten werken. Vooral daglicht in de ochtend heeft een sterk effect op de biologische klok. Mocht een jongere vrijwel niet buiten komen of lethargisch op de bank hangen, dan zal de slaapdruk weinig invloed uitoefenen. Er kan een dagschema gemaakt worden waarin meer plaats is voor activiteiten. Jongeren zijn in de praktijk sneller te verleiden tot een experiment dan tot een saai nieuw schema waar ze tegenop zien, dus vraag de jongere bijvoorbeeld of hij een week lang zou willen experimenteren om te zien wat een dagelijkse wandeling kan toevoegen aan een goede nachtrust. Bespreek de voor- en nadelen en ook welke tijdstippen haalbaar en nuttig zijn. Zo is gebleken dat een ochtendwandeling een positief effect kan hebben op de biologische klok, maar dat zal voor jongeren die vroeg op school moeten zijn niet haalbaar zijn. Een fietstocht naar school kan positief werken in de maanden waarin het al vroeg licht is, maar in de winter is het dan nog donker. Jongeren die (nog) niet sporten, hebben vaak veel (voor hen) legitieme redenen om dat niet te doen, dus bespreek die vooral en probeer samen te onderzoeken of meer buitenlucht en beweging iets zouden kunnen betekenen voor de nachtrust.

- **Suggesties wanneer jongeren overdag bijslapen**

Dutjes overdag hebben veelal een negatief effect op het slaap-waakritme bij jongeren die moeite hebben om voldoende te slapen. Jongeren hebben een flink aantal uren slaap nodig en velen halen dat niet in de nacht. Op zich kan het heel fijn zijn om een dutje te doen overdag na school. Bespreek dan hoe lang dat dutje duurt en hoe de jongere daarna wakker wordt. Een goede *powernap* is vaak kort (maximaal 30 minuten) en kan een energieboost geven, waardoor vervolgens weer activiteiten ondernomen kunnen worden. Meestal gaat het mis als de jongere langer dan een uur blijft slapen. Wanneer jongeren uit zo'n dutje wakker worden, voelen ze zich vaak een beetje gedesoriënteerd, zijn ze nog lang slaperig en hebben ze minder energie dan ze hadden gehoopt. Dit kan tot in de vroege avond duren. Vervolgens worden ze later in de avond alerter en wakker en is de slaapdruk verdwenen. Dutjes zijn dus niet verboden, maar jongeren met slaapproblemen kunnen beter een paar dagen door de zure appel bijten en wakker blijven overdag, zodat de slaapdruk in de avond weer toeneemt.

■ **Suggesties wanneer jongeren veel naar een beeldscherm kijken 's avonds**

Het licht van beeldschermen zorgt voor minder verstoring in het slaapritme dan lang werd gedacht, maar de activiteit die vaak bij een beeldscherm hoort, maakt het brein wel wakker. Het maakt dus uit welke beeldschermactiviteit er plaats vindt. Daarnaast kan het ook per jongere verschillen. Er zijn jongeren die juist meer slaapdruk ervaren als zij series kijken in bed, waardoor het hen kan helpen om in slaap te vallen, maar er zijn ook jongeren die dan gaan bingewatchen en niet meer willen slapen. Het is daarom belangrijk om samen te onderzoeken wat het effect is van het betreffende beeldscherm. Zoom in op de verschillende varianten, omdat een spannende thriller een ander effect kan hebben dan een highschoolserie. En een WhatsAppgesprek met vriendin X kan een ander effect hebben op de slaapdruk dan een WhatsAppgesprek met vriendin Y. Stel zo veel mogelijk vragen en laat de jongere zelf opmerken welke effecten hij merkt bij alle verschillende beeldschermen. Mocht een jongere overtuigd zijn dat beeldschermen geen negatief effect hebben en allerlei andere interventies onvoldoende effect hebben gehad, dan is het handig om aan te sturen op een experiment: *Wat zou een beeldschermloze week doen met jouw slaapgevoelens?* Het kan dan helpend zijn om (eventueel in overleg met ouders) een beloning te koppelen aan dit experiment, aangezien het heel moeilijk is voor jongeren om dit aan te gaan.

■ **Suggesties wanneer jongeren moeite hebben met opstaan 's ochtends**

Wanneer een jongere 's morgens vroeg op moet staan terwijl hij pas vijf uur heeft geslapen, is het niet verwonderlijk dat dit zeer veel moeite zal kosten. De meeste jongeren staan ook niet te springen om naar school te gaan, dus een directe beloning is er voor hen niet. Toch is vroeg opstaan een sterke interventie om de slaapdruk in de avond te doen toenemen, zeker als daardoor ook ochtendlicht wordt waargenomen. Daarnaast is het voor het dagelijks functioneren beter als jongeren op tijd op school of werk aankomen. Er zijn allerlei suggesties die kunnen helpen bij het vroege opstaan: meer wekkers zetten, wekker aan de andere kant van de kamer plaatsen, een wekker met ingebouwde lamp, gordijnen open laten, hulp van iemand inschakelen, jezelf belonen als het lukt et cetera. Ondanks dat jongeren vaak kunnen zeggen dat ze dit allemaal al geprobeerd hebben, is het de moeite waard om alle opties minutieus te bespreken. Vaak is een poging halverwege opgegeven en heeft er daardoor geen effect kunnen optreden. Daarnaast bedenken sommige jongeren tijdens zo'n brainstorm ook heel gewaagde nieuwe plannen. Zoals een jongen van zeventien die zijn moeder vroeg om kussen en deken weg te nemen als de wekker was gegaan, of een meisje van zestien dat besloot een koude natte washand naast haar bed te leggen om die op haar gezicht te leggen zodra de wekker was gegaan ...

6.5 Bespreking van H. 5 uit het werkboek: Huh? Waarom gaat het opeens weer zo moeilijk?

■ **Doel van dit hoofdstuk**

Het doel van dit hoofdstuk is om stil te staan bij de positieve verandering van de afgelopen weken, uitleg te geven over valkuilen en terugval en een plan te maken om terugval te voorkomen.

- **Opbouw van dit hoofdstuk**

Eerst wordt stilgestaan bij de veranderingen die tot nu toe hebben plaatsgevonden. Vervolgens wordt er uitleg gegeven over terugval en wordt besproken hoe de jongere het zou merken als slapen weer minder goed gaat. Daarna wordt in kaart gebracht hoe de jongere tijdens deze behandeling zijn gedrag heeft veranderd en wordt op basis daarvan een terugvalplan gemaakt. Ten slotte wordt er nog expliciet stilgestaan bij de valkuilen die al ontdekt zijn door de jongere, zodat daar oplossingen voor bedacht kunnen worden.

6.5.1 Evaluatie

Soms zijn jongeren gedurende de behandeling al zo gewend aan de vooruitgang die zij hebben geboekt, dat ze zich niet meer zo bewust zijn van hoe ze eraan toe waren toen de behandeling begon. Daarom wordt om te beginnen met de jongere doorgenomen wat er allemaal veranderd is gedurende de behandeling en wordt dit opgeschreven. Bekijk de doelen van H. 1 nogmaals samen en de scores van de weken erna. Welke veranderingen in de slaaphygiëne heeft de jongere doorgevoerd? En wat was het resultaat daarvan? Probeer mee te denken met de jongere over hoe het slaapgedrag er in het begin van de behandeling uitzag en welke stappen hij heeft gezet en wat het effect hiervan is. Hoe meer het verschil wordt benadrukt tussen de beginsituatie en het effect van de behandeling, hoe hoger de motivatie om het gedrag vol te houden.

6.5.2 Hoe merk je dat je terugvalt?

De jongere wordt gevraagd waar hij het eerst aan zou merken dat het weer minder goed gaat met slapen. Deze vraag vergt best veel zelfkennis en reflectievermogen, dus probeer de vraag waar nodig wat te structureren door de signalen van terugval in kaart te brengen op cognitief niveau (wat zou je denken?), emotioneel niveau (wat zou je voelen?) en gedragsniveau (wat zou je doen?). In het werkboek kunnen de signalen van terugval geordend worden door op nummer 1 de dingen te zetten waaraan de jongere als eerste zal merken dat hij terugvalt en onderaan de dingen die pas later gebeuren.

6.5.3 De beste plannen

Op basis van de eerdere hoofdstukken (met name H. 4) wordt een lijst gemaakt van plannen die hebben geholpen om het slaapgedrag te verbeteren.

6.5.4 Terugvalplan

Ten slotte wordt op basis van de gegevens uit ▶ par. 5.2 en 5.3 een tabel (◘ tab. 6.4) ingevuld met bij ieder teken van terugval een actie die kan worden ingezet om het slaapgedrag goed te houden danwel opnieuw te verbeteren.

Tabel 6.4 Voorbeeld ingevulde tabel met een terugvalplan

Wat doe, denk en voel ik?	Wat doe ik daar aan?
Ik lig weer in bed te appen.	Telefoon op het bureau leggen als ik ga slapen.
Ik kijk weer tot laat series.	Vanaf 21.15 moet ik geen nieuwe aflevering starten en de serie op tijd uitzetten.
Ik denk 'zie je wel ik kan het toch niet'.	Ik denk terug aan dat het eerder ook lukte en pak het lijstje erbij met wat er allemaal goed ging tijdens de behandeling: 'als ik het toen kon, kan ik het nu ook'.
Ik lig weer uren naar mijn wekker te staren in bed.	Ik draai mijn wekker om zodat ik niet de hele tijd zie hoe laat het is.
Ik voel me minder vrolijk.	Na 5 nachten goed slapen voel ik me weer beter: iedere avond op dezelfde tijd naar bed gaan.
Ik begin aan een nieuwe aflevering, terwijl ik eigenlijk wilde gaan slapen.	Bedenken dat de wereld niet vergaat als ik deze aflevering morgen pas kijk en mijn doelen terug lezen.
Ik treuzel met het naar bed gaan.	Met mijn ouders afspreken dat ze me helpen om eerder naar bed te gaan: ze moeten het dan wel precies zo zeggen als wat we daar samen over afspreken ☺.
Mijn moeder heeft al vijf keer gezegd dat ik moet stoppen met gamen.	Al mijn wilskracht naar boven halen door te bedenken waarom ik zelf ook alweer meer wilde slapen en hoe rot ik me voelde toen ik te weinig sliep.

6.5.5 Valkuilen

Aangezien de jongere een aantal weken geëxperimenteerd heeft met aanpassingen op het slaapgedrag, weet hij waar de valkuilen zitten die hij moet vermijden om het vol te houden. Bespreek welke valkuilen de jongere is tegengekomen de afgelopen weken en welke er in de toekomst nog op de weg zouden kunnen liggen.

6.5.6 Volhouden ondanks valkuilen

Om de kans van slagen van het nieuwe slaapplan zo groot mogelijk te maken worden voor alle valkuilen oplossingen bedacht (tab. 6.5). Het is belangrijk om je te realiseren dat de valkuilen vaak overeenkomen met de voordelen om te laat naar bed te gaan of slecht te slapen. Het kan zijn dat het opschrijven van de oplossingen daardoor voor veel weerstand zorgt, bijvoorbeeld doordat de jongere veel de neiging heeft om met 'ja, maar …' te reageren. Geef dan aan dat de oplossing die wordt opgeschreven niet per se hoeft te worden uitgevoerd, maar dat het wel goed is om na te denken over wat een oplossing zou kunnen zijn. Samen kan gezocht

■ **Tabel 6.5** Voorbeeld ingevulde tabel met valkuilen en oplossingen

Mijn valkuilen	De oplossing
Op mijn telefoon als ik in bed lig.	Telefoon op bureau laten liggen als ik ga slapen of beneden.
Tot laat door met huiswerk maken.	Altijd stoppen met huiswerk om 20 uur.
Piekeren in bed.	Boek lezen in bed voor het slapen.
Tv blijven kijken ook al moet ik naar bed.	Tv uitzetten tijdens het reclameblok en de rest van het programma opnemen.
Ik vergeet dat slaap belangrijk is.	Een papiertje boven mijn bed hangen waarop staat waarom het belangrijk is.
Ik vergeet dat ik naar bed moet.	Een herinnering in mijn telefoon zetten op het moment dat ik mijn tanden moet gaan poetsen.
Ik voel spanning tijdens gamen.	Altijd stoppen met gamen om 21 uur.
Iedereen blijft langer buiten.	Vaste dagen niet naar buiten na het eten om dit te voorkomen.
Iedereen blijft langer op het feestje en ik wil dat ook.	De volgende dag toch op tijd op staan, ook al ben ik doodmoe, zodat ik de volgende dag wel weer op tijd naar bed kan.
Ik hang de hele dag op de bank tijdens weekend/vakantie.	Afspreken met anderen om dingen buiten de deur te gaan doen.

worden naar een compromis tussen de voordelen van de valkuil en de oplossing, waarbij de haalbaarheid goed in het achterhoofd moet worden gehouden. Vervolgens kan – bij veel ambivalentie – worden overwogen om een voor en-nadelentabel in te vullen over het volhouden van het slaapplan (inclusief valkuiloplossingen) en de oude slaaphygiëne.

Bijlagen

Bijlage 1 Vragenlijsten – 60

Bijlage 2 Motivatieonderzoek – 69

Bijlage 3 Tijdlijn – 71

Bijlage 4 Evalueren van de sessie – 72

Literatuur – 73

© Bohn Stafleu van Loghum is een imprint van Springer Media B.V., onderdeel van Springer Nature 2020
M. Kuin en B. Boyer, *Slaaptraining voor jongeren op basis van CGT en motiverende gespreksvoering*,
Kind en adolescent praktijkreeks, https://doi.org/10.1007/978-90-368-2332-6

Bijlage 1 Vragenlijsten

Chronisch Slaaptekort Vragenlijst (CSV)[1]

dr. A.M. Meijer, prof. dr. J.F. Dewald-Kaufmann en dr. E.J. de Bruin

De Chronisch Slaaptekort Vragenlijst beoogt chronisch slaaptekort te meten in kinderen en adolescenten. De vragenlijst staat gedetailleerd beschreven in Meijer (2008). Validatie van de vragenlijst in Nederlandse en Australische adolescenten is gerapporteerd in Dewald et al. (2012). Cut-off scores worden beschreven in Dewald-Kaufmann et al. (2018).

De Chronisch Slaaptekort Vragenlijst bestaat uit 20 vragen en wordt op een 3 puntsschaal gescoord, hoe hoger de score hoe meer chronisch slaaptekort een individu heeft. Wanneer antwoord 1 is aangekruist, wordt een score van 1 gegeven, antwoord 2 = 2, antwoord 3 = 3. Vragen 2, 5, 11 en 17 moeten gehercodeerd worden. Dit betekent dat antwoord 1 de score 3 krijgt en antwoord 3 de score 1. Antwoord 2 behoudt de score 2.

Optelling van alle scores geeft een indicatie voor een algemene mate van chronisch slaaptekort. De minimum score voor de totale schaal is 20 en de maximum score 60. De schaal bestaat uit 4 verschillende subschalen: Slaaptekort (vraag 1, 5, 6, 7, 17, 18), irritatie (vraag 9, 10, 14, 19, 20), energieverlies (vraag 2, 11, 12, 15, 16) en slaperigheid (vraag 3, 4, 8, 13).

Als afkappunt voor chronisch slaaptekort wordt in empirische studies een score van 40 gehanteerd. Deze score is gelijk aan 1 standaarddeviatie boven het gemiddelde (zie ook Dewald et al. (2012), Dewald-Kaufmann et al. (2013b) en Dewald-Kaufmann et al. (2014)). Afhankelijk van de vraagstelling kunnen verschillende afkappunten gehanteerd worden (Dewald-Kaufmann et al. 2018).

Een verkorte versie met 9 items staat beschreven in Van Maanen et al. (2014). Hierover zijn nog geen empirische studies gepubliceerd.

Informatie over de relaties van de Chronisch Slaaptekort Vragenlijst met functioneren overdag is te vinden in Dewald-Kaufmann et al. (2013a). Het effect van slaapverlenging op de slaap, het cognitieve functioneren en depressieve symptomen bij jongeren met chronisch slaaptekort wordt vermeld in Dewald-Kaufmann et al. (2013b) en Dewald-Kaufmann et al. (2014).

Het effect van cognitieve gedragstherapie voor insomnia op chronisch slaaptekort van adolescenten met insomnia wordt gerapporteerd in De Bruin et al. (2015 en 2018).

Referenties

De Bruin, E. J., Bögels, S. M., Oort, F. J., & Meijer, A. M. (2015). Efficacy of Cognitive Behavioral Therapy for Insomnia in Adolescents: A Randomized Controlled Trial with Internet Therapy, Group Therapy and a Waiting List Condition. *Sleep, 38*, 1913–1926.

De Bruin, E. J., Bögels, S. M., Oort, F. J., & Meijer, A. M. (2018). Improvements of adolescent psychopathology after insomnia treatment in adolescents: results from a Randomized Controlled Trial over 1 year. *The Journal of Child Psychology and Psychiatry, 59*, 5, 509–522.

Dewald-Kaufmann, J. F., Bruin, E. J., Smits, M., Zijlstra, B. J. H., Oort, F. J., Meijer, A. M. (2018). Chronic sleep reduction in adolescents – clinical cut-off scores for the Chronic Sleep Reduction Questionnaire. *Journal of Sleep Research, 27*, 1–4.

---

1 De Engelse versie staat bekend als de Chronic Sleep Reduction Questionnaire (CSRQ)

Dewald-Kaufmann, J. F., Oort, F. J., & Meijer, A. M. (2014). The effects of sleep extension and sleep hygiene advice on depressive symptoms in adolescents: a randomized controlled trial. *Journal of Child Psychology and Psychiatry, 55*, 273–283.

Dewald-Kaufmann, J. F., Oort, F. J., Bögels, S. M. & Meijer, A. M. (2013a). Why sleep matters: differences in daytime functioning between adolescents with low and high chronic sleep reduction and short and long sleep durations. *Journal of Cognitive and Behavioral Psychotherapies*, 171–182.

Dewald-Kaufmann, J. F., Oort, F. J., & Meijer, A. M. (2013b). The effects of sleep extension on sleep and cognitive performance in adolescents with chronic sleep reduction: An experimental study. *Sleep Medicine, 14*, 510–517.

Dewald, J. F., Short, M. A., Gradisar, M., Oort, F. J., & Meijer, A. M. (2012). The Chronic Sleep Reduction Questionnaire (CSRQ): A cross-cultural comparison and validation in Dutch and Australian adolescents. *Journal of Sleep Research, 21*, 584–594.

Meijer, A. M. (2008). Chronic sleep reduction, functioning at school and school achievement in preadolescents. *Journal of Sleep Research, 17*, 395–405.

Van Maanen, A., Dewald-Kaufmann, J. F., Oort, F. J., de Bruin, E. J., Smits, M. G., Short, M. A., & Meijer, A. M. (2014). Screening for sleep reduction in adolescents through self-report: Development and validation of the sleep reduction screening questionnaire (SRSQ). *Child & Youth Care Forum, 43*, 607–619.

Chronisch Slaaptekort Vragenlijst

Vul onderstaande vragen in voor de laatste twee weken. Omcirkel het antwoord dat het beste op jou van toepassing is. Er zijn geen goede of foute antwoorden.

Vragen

1. Heb je 's morgens moeite met opstaan?
□ nee
□ soms
□ ja

2. Wanneer je op school bent, voel je je dan uitgeslapen?
□ nee
□ soms
□ ja

3. Voel je je overdag slaperig?
□ nee
□ soms
□ ja

4. Moet je vaak gapen overdag?
□ nee
□ soms
□ ja

5. Ben je gelijk wakker als je gewekt wordt?
□ nee
□ soms
□ ja

6. Ik verslaap me.
□ nooit
□ een enkele keer
□ vaak

7. 's middags voel ik me net zo fit als 's ochtends.
☐ dat klopt voor mij
☐ ik voel me 's middags minder fit
☐ ik voel me 's middags veel minder fit

8. Ik heb moeite om mijn ogen open te houden als ik een tijd op school zit.
☐ nee
☐ soms
☐ ja

9. Vinden anderen dat je boos reageert als ze iets aan je vragen of tegen je zeggen?
☐ nee
☐ soms
☐ ja

10. Als ik te weinig slaap, maak ik sneller ruzie.
☐ nee, dat klopt niet voor mij
☐ ja, dat klopt een enkele keer voor mij
☐ ja, dat klopt vaak voor mij

11. Heb je gedurende de dag genoeg energie om overal aan mee te doen?
☐ nee
☐ soms
☐ ja

12. Ik ben actief overdag.
☐ mee eens
☐ beetje mee eens
☐ niet mee eens

13. Ik moet mijn best doen om wakker te blijven als ik in de klas zit.
☐ nooit
☐ een enkele keer
☐ vaak

14. Zeggen andere mensen dat je chagrijnig kan doen?
☐ nee
☐ soms
☐ ja

15. Het gebeurt dat ik geen zin heb om naar school te gaan, omdat ik me te moe voel.
☐ dat gebeurt nooit
☐ dat gebeurt één keer per week
☐ dat gebeurt meer dan twee keer per week

16. Op school voel ik me klaar wakker.
☐ mee eens
☐ beetje mee eens
☐ niet mee eens

17. Ik ben iemand die te weinig slaapt.
☐ mee eens
☐ beetje mee eens
☐ niet mee eens

18. Ik zou langer willen slapen.
☐ nee, ik slaap precies genoeg
☐ nee, ik zou korter willen slapen
☐ ja, ik zou langer willen slapen

19. Anderen vinden mij snel geïrriteerd.
☐ dit klopt niet voor mij
☐ dit klopt een beetje voor mij
☐ dit klopt helemaal voor mij

20. Vind je van jezelf dat je zonder reden onaardig doet tegen vrienden of je ouders?
☐ nee
☐ soms
☐ ja

Slaaphygiëne Vragenlijst (ASHQ)

De Slaaphygiëne Vragenlijst voor adolescenten is in Nederland onderzocht en gevalideerd voor adolescenten en bestaat uit 28 vragen. De lijst wordt op een zespuntsschaal gescoord. Een hogere score duidt op een betere slaaphygiëne.

Slaaphygiëne Vragenlijst

We willen graag informatie van je over hoe je omgaat met bedtijd en allerlei gewoonten die je hebt met betrekking tot slapen. Vul in wat het best van toepassing is op jouw slaapgewoonten voor de afgelopen maand.

1. Na 18.00 uur 's avonds drink ik iets wat cafeïne bevat (bijvoorbeeld: cola, koffie, zwarte thee, ice tea, Dr. Pepper, Red Bull).
☐ altijd
☐ bijna altijd
☐ regelmatig
☐ soms
☐ zelden
☐ nooit

2. Gedurende één uur voordat ik naar bed ga, ben ik heel actief (bijvoorbeeld: buiten spelen, sporten, rennen, stoeien).
☐ altijd
☐ bijna altijd
☐ regelmatig
☐ soms
☐ zelden
☐ nooit

3. Gedurende één uur voordat ik naar bed ga, drink ik meer dan vier glazen water (of een ander soort drinken).
☐ altijd
☐ bijna altijd
☐ regelmatig
☐ soms
☐ zelden
☐ nooit

4. Ik ga naar bed met een volle maag.
☐ altijd
☐ bijna altijd
☐ regelmatig
☐ soms
☐ zelden
☐ nooit

5. Ik ga naar bed met een gevoel van honger.
☐ altijd
☐ bijna altijd
☐ regelmatig
☐ soms
☐ zelden
☐ nooit

6. Gedurende één uur voordat ik naar bed ga doe ik dingen waardoor ik me heel wakker voel (bijvoorbeeld: videospelletjes spelen, televisiekijken, telefoongesprekken voeren).
☐ altijd
☐ bijna altijd
☐ regelmatig
☐ soms
☐ zelden
☐ nooit

7. Als ik naar bed ga, doe ik dingen in bed die me wakker houden (bijvoorbeeld: televisiekijken, lezen).
☐ altijd
☐ bijna altijd
☐ regelmatig
☐ soms
☐ zelden
☐ nooit

8. Wanneer ik naar bed ga, denk ik na over dingen die ik nog moet doen.
☐ altijd
☐ bijna altijd
☐ regelmatig
☐ soms
☐ zelden
☐ nooit

9. Als ik naar bed ga, denk ik na over de gebeurtenissen van die dag en herhaal dat steeds opnieuw.
☐ altijd
☐ bijna altijd
☐ regelmatig
☐ soms
☐ zelden
☐ nooit

10. Ik gebruik mijn bed niet alleen om te slapen (maar bijvoorbeeld ook om: telefoongesprekken te voeren, televisie te kijken, videospelletjes te spelen, huiswerk te maken).
☐ altijd
☐ bijna altijd
☐ regelmatig
☐ soms
☐ zelden
☐ nooit

11. Ik kijk meerdere malen keren per nacht op mijn wekker/klok.
☐ altijd
☐ bijna altijd
☐ regelmatig
☐ soms
☐ zelden
☐ nooit

12. Gedurende één uur voordat ik naar bed ga, maak ik dingen mee waardoor ik sterke emoties voel (verdriet, boosheid, opwinding).
☐ altijd
☐ bijna altijd
☐ regelmatig
☐ soms
☐ zelden
☐ nooit

13. Wanneer ik naar bed ga, voel ik me overstuur.
☐ altijd
☐ bijna altijd
☐ regelmatig
☐ soms
☐ zelden
☐ nooit

14. Wanneer ik naar bed ga, maak ik me zorgen over dingen die thuis of op school gebeuren.
☐ altijd
☐ bijna altijd
☐ regelmatig
☐ soms
☐ zelden
☐ nooit

15. Ik val in slaap terwijl ik naar luide muziek luister.
☐ altijd
☐ bijna altijd
☐ regelmatig
☐ soms
☐ zelden
☐ nooit

16. Ik val in slaap terwijl ik naar de televisie kijk.
☐ altijd
☐ bijna altijd
☐ regelmatig
☐ soms
☐ zelden
☐ nooit

17. Ik val in slaap in een helder verlichte kamer.
☐ altijd
☐ bijna altijd
☐ regelmatig
☐ soms
☐ zelden
☐ nooit

18. Ik val in slaap in een kamer die te warm of te koud voelt.
☐ altijd
☐ bijna altijd
☐ regelmatig
☐ soms
☐ zelden
☐ nooit

19. Gedurende de dag doe ik een dutje van minstens één uur lang.
□ altijd
□ bijna altijd
□ regelmatig
□ soms
□ zelden
□ nooit

20. Na 18.00 uur rook ik tabak.
□ altijd
□ bijna altijd
□ regelmatig
□ soms
□ zelden
□ nooit

21. Na 18.00 uur drink ik bier (of andere alcoholische dranken).
□ altijd
□ bijna altijd
□ regelmatig
□ soms
□ zelden
□ nooit

22. Ik heb een bedtijdroutine voor het slapen gaan (bijvoorbeeld de volgorde aanhouden van douchen, daarna tandenpoetsen en nog even lezen).
□ altijd
□ bijna altijd
□ regelmatig
□ soms
□ zelden
□ nooit

23. Gedurende een schoolweek blijf ik minstens één uur langer op dan mijn normale bedtijd.
□ altijd
□ bijna altijd
□ regelmatig
□ soms
□ zelden
□ nooit

24. Gedurende een schoolweek slaap ik minstens één uur langer uit dan de tijd dat ik normaal wakker word.
☐ altijd
☐ bijna altijd
☐ regelmatig
☐ soms
☐ zelden
☐ nooit

25. In het weekend blijf ik minstens één uur langer op dan mijn normale bedtijd.
☐ altijd
☐ bijna altijd
☐ regelmatig
☐ soms
☐ zelden
☐ nooit

26. In het weekend slaap ik minstens één uur langer uit dan de tijd dat ik normaal wakker word.
☐ altijd
☐ bijna altijd
☐ regelmatig
☐ soms
☐ zelden
☐ nooit

27. Ik slaap alleen.
☐ altijd
☐ bijna altijd
☐ regelmatig
☐ soms
☐ zelden
☐ nooit

28. Ik slaap de hele nacht of een gedeelte van de nacht samen met iemand anders (bijvoorbeeld ouders, zus of broer).
☐ altijd
☐ bijna altijd
☐ regelmatig
☐ soms
☐ zelden
☐ nooit

Bijlage 2 Motivatieonderzoek

Onderzoek hoe je motivatie op dit moment is.
1. Schrijf op hoe je nu (niet) slaapt.
2. Schrijf op hoe het eruit zou zien als je beter zou slapen.
3. Schrijf de nadelen op van je huidige slaapritme.
4. Schrijf de voordelen op van je huidige slaapritme.
5. Schrijf de nadelen op van een "beter" slaapritme.
6. Schrijf de voordelen op van een "beter" slaapritme.

	nadelen	voordelen
hoe ik nu slaap:		
als ik beter zou slapen:		

Bespreek met jouw trainer hoe je denkt over een ander slaapritme: is het de moeite waard of niet?

JA/NEE

Zo nee; bespreek dan of het de moeite waard is om toch te gaan experimenteren. Wie weet zit er zowaar een plan tussen dat wel haalbaar en de moeite waard is. Als je dat ook niet wilt, kun je met je trainer afspreken of je nog een andere soort hulp wil.

Zo ja; wat heb jij nodig om een "beter" slaapritme voor elkaar te krijgen? Denk na over de volgende twee vragen voor je verder gaat.

1. Hoe graag wil je veranderen? Geef een cijfer: 1 = helemaal niet; 10 = heel erg graag.

1 2 3 4 5 6 7 8 9 10

Wat maakt dat je niet voor een ... (1 cijfer lager invullen) kiest?
_____

Hoe zou het een ... (1 cijfer hoger invullen) kunnen worden?
_____

2. Hoeveel vertrouwen heb je erin dat het je gaat lukken? Geef een cijfer: 1 = helemaal geen vertrouwen; 10 = het volste vertrouwen.

1 2 3 4 5 6 7 8 9 10

Wat maakt dat je niet voor een ... (1 cijfer lager invullen) kiest?
_____

Hoe zou het een ... (1 cijfer hoger invullen) kunnen worden?
_____

Zijn er nu al plannen ontstaan die je wilt gaan uitproberen? Zo ja, schrijf die dan hier op.
_____
_____
_____
_____
_____

Bijlage 3 Tijdlijn

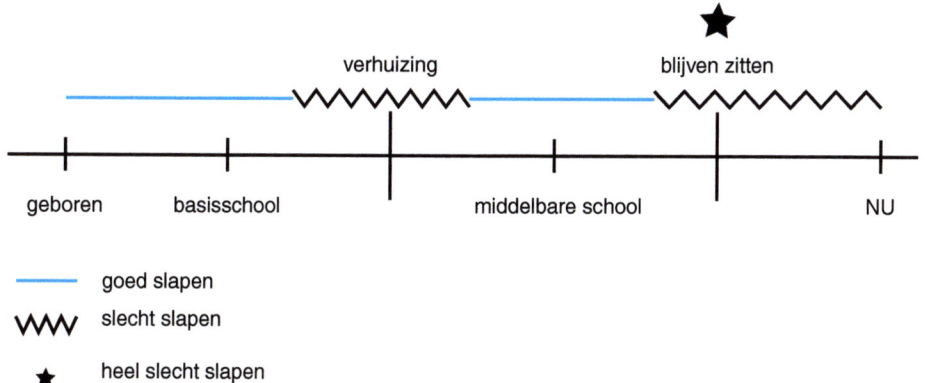

Bijlage 4 Evalueren van de sessie

Hoe was de training vandaag?

Zet op de lijnen een kruis op de plek die voor jou het beste past bij hoe je het vandaag vond. Probeer het zo eerlijk mogelijk in te vullen.

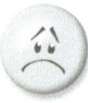 

| de trainer werkte niet altijd met mij samen | samenwerken | de trainer werkte goed met mij samen |

ik heb niets aan wat we vandaag gedaan en besproken hebben   nuttig   ik heb wel iets aan wat we vandaag gedaan en besproken hebben

ik denk dat ik niet ga doen wat we vandaag hebben besproken   ga ik doen   ik denk dat ik wel ga doen wat we vandaag hebben besproken

Literatuur

American Academy of Sleep Medicine (2005). *International classification of sleep disorders, 2nd ed: Diagnostic and coding manual.* Westchester, IL: American Academy of Sleep Medicine.

American Psychiatric Association (2006). *Diagnostic and statistical manual of mental disorders* (4th revised ed.). Washington DC: APA.

Bendz, L. M., & Scates, A. C. (2010). Melatonin treatment for insomnia in pediatric patients with attention-deficit/hyperactivity disorder. *The Annals of Pharmacotherapy, 44*(1), 185–191.

Berden, G. F. M. G. (2000). Slaapstoornissen. In F. Verheij (Red.), *Kinder- en jeugdpsychiatrie: Onderzoek en diagnostiek.* Assen: Uitgeverij Van Gorcum.

Blom, K., Jernelov, S., Kraepelien, M., Bergdahl, M. O., Jungmarker, K., Ankartjarn, L., et al. (2015). Internet treatment addressing either insomnia or depression, for patients with both diagnoses: A randomized trial. *Sleep, 38,* 267–277.

Boer, F. (2003). Slaapstoornissen. In F. C. Verhulst, F. Verheij & R. Ferdinand (Red.), *Kinder- en jeugdpsychiatrie: Psychopathologie.* Assen: Uitgeverij Van Gorcum.

Boer, F. (2011). *Slaapproblemen bij kinderen.* Amsterdam: Lannoo Campus.

Boer, F. (2014). Slaapstoornissen. In F. Verhulst, F. Verheij & M. Danckaerts (Red.), *Kinder- en jeugdpsychiatrie.* Assen: Uitgeverij Van Gorcum.

Boer, F., & Van der Heijden, K. B. (2013). Slaapstoornissen. In Th. Doreleijers, F. Boer, J. Huisman & E. De Haan (Red.), *Leerboek psychiatrie kinderen en jongeren* (2e, geheel herziene druk, pag. 287–298). Utrecht: de Tijdstroom.

Bosch, W. J. H. M. (Red.). (2011). *Slapen en waken.* Houten: Bohn Stafleu van Loghum.

Braams, B. R., Van Leijenhorst, L., & Crone, E. A. (2014). Risks, rewards, and the developing brain in childhood and adolescence. In V. F. Reyna & V. Zayas (Red.), *The neuroscience of risky decision making* (pag. 73–91). Washington DC: American Psychological Association.

Bradley, J., Freeman, D., Chadwick, E., Harvey, A. G., Mullins, B., & Johns, L. (2017). Treating sleep problems in young people at ultra-high risk of psychosis: A feasability case series. *Behavioural and Cognitive Psychotherapy, 46,* 276–291.

Cain, N., Gradisar, M., & Moseley, L. (2011). A motivational school-based intervention for adolescent sleep problems. *Sleep Medicine, 12,* 246–251.

Corkum, P., Davidson, F., & Macpherson, M. (2011). A framework for the assessment and treatment of sleep problems in children with attention-deficit/hyperactivity disorder. *Pediatric Clinics of North America, 58,* 667–683.

Cortese, S., Faraone, S. V., Konofal, E., & Lecendreux, M. (2009). Sleep in children with attention-deficit/hyperactivity disorder: Meta-analysis of subjective and objective studies. *Journal of the American Academy of Child and Adolescent Psychiatry, 48*(9), 894–908.

Crone, E. (2018). *Het puberende brein.* Amsterdam: Prometheus.

Curcio, G., Ferrara, M., & De Gennaro, L. (2006). Sleep loss, learning capacity and academic performance. *Sleep Medicine Reviews, 10*(5), 323–337.

Cushing, C., Jensen, C., Miller, M., & Leffingwell, T. (2014). Meta-analysis of motivational interviewing for jongere health behavior: Efficacy beyond substance use. *Journal of Consulting and Clinical Psychology, 82,* 1212–1218.

De Bruin, E. J., Oort, F. J., Bögels, S. M., & Meijer, A. M. (2011). Efficacy of internet and group-administered cognitive behavioral therapy for insomnia in adolescents – A pilot study. Presented at Worldsleep 2011, the 6th World Congress of the World Sleep Federation, Kyoto, Japan.

De Bruin, E., Waterman, D., & Meijer, A. M. (2013). SlimSlapen: Cognitieve gedragstherapie voor insomnia (CGT-i) bij adolescenten. In C. Braet & S. Bögels (Red.), *Protocollaire behandelingen voor kinderen en adolescenten met psychische klachten 2.* Amsterdam: Boom uitgevers Amsterdam.

Dosen, A. (2008). *Psychische stoornissen, gedragsstoornissen en verstandelijke handicap* (pag. 144–149). Assen: Uitgeverij Van Gorcum.

Fallone, G., Owens, J. A., & Deane, J. (2002). Sleepiness in children and jongeres: Clinical implications. *Sleep Medicine Reviews, 6*(4), 287–306.

Freeman, D., Sheaves, B., Goodwin, G. M., Yu, L. M., Nickless, A., Harrison, P. J., et al. (2017). The effects of improving sleep on mental health (OASIS): A randomised controlled trial with mediation analysis. *The Lancet Psychiatry, 4*(10), 749–758.

Fronczek, R., Van der Zande, W. L. M., Van Dijk, J. Overeem, S., & Lammers, G. J. (2007). Narcolepsie: Diagnostiek en behandeling in nieuw perspectief. *Nederlands Tijdschrift voor Geneeskunde, 151*(15), 856–861.

Gregory, A. M., & O'Connor, T. G. (2002). Sleep problems in childhood: A longitudinal study of developmental change and association with behavioral problems. *Journal of the American Academy of Child & Jongere Psychiatry, 41*(8), 964–971.

Hiscock, H., Sciberras, E., Mensah, F., Gerner, B., Efron, D., Khano, S., et al. (2015). Impact of a behavioural sleep intervention on symptoms and sleep in children with attention deficit hyperactivity disorder, and parental mental health: Randomised controlled trial. *BMJ, 350,* 1–14. ▶ https://doi.org/10.1136/bmj.h68.

Hoebert, M., Van der Heijden, K. B., Van Geijlswijk, I. M., & Smits, M. G. (2009). Long-term follow-up of melatonin treatment in children with ADHD and chronic sleep onset insomnia. *Journal of Pineal Research, 47*(1), 1–7.

Johnson, E. O., Roth, T., Schultz, L., & Breslau, N. (2006). Epidemiology of DSM-IV insomnia in adolescence: Lifetime prevalence, chronicity, and an emergent gender difference. *Pediatrics, 117*(2), E247–E256.

▶ Kenniscentrum-kjp.nl.

Koren, D., Arnon, I., Lavie, P., et al. (2002). Sleep complaints as early predictors of posttraumatic stress disorder: A 1-year prospective study of injured survivors of motor vehicle accidents. *The American Journal of Psychiatry, 159*, 855–857.

Korrelboom, C. W., & Ten Broeke, E. (2014). *Geïntegreerde cognitieve gedragstherapie*. Bussum: Uitgeverij Coutinho.

Krueger, J. M., Rector, D. M., Roy, S., Van Dongen, H. P. A., Belenky, G., & Panksepp, J. (2008). Sleep as a fundamental property of neuronal assemblies. *Nature Reviews Neuroscience, 9,* 910–919.

Kuin, M., & Boyer, B. E. (2013). *Zelf plannen*. Amsterdam: Lannoo Campus.

Meijer, A. M., & Hofman, W. (2008). Assessment en protocollaire behandeling van slaapproblemen bij kinderen. In C. Braet & S. M. Bögels (Red.), *Protocollaire behandelingen voor kinderen met psychische klachten* (pag. 49–73). Amsterdam: Boom Uitgevers.

Melke, J., Goubran, B. H., Chaste, P., Betancur, C., Nygren, G., & Anckarsater, H. (2008). Abnormal melatonin synthesis in autism spectrum disorders. *Molecular Psychiatry, 13*(1), 90–98.

Owens, J. A. (2008). Sleep disorders and attention-deficit/hyperactivity disorder. *Current Psychiatry Reports, 10,* 439–444.

Roberts, R. E., Roberts, C. R., & Duong, H. T. (2008). Chronic insomnia and its negative consequences for health and functioning of jongeres: A 12-month prospective study. *Journal of Jongere Health, 42*(3), 294–302.

Touchette, E., Petit, D., Seguin, J. R., Boivin, M., Tremblay, R. E., & Montplaisir, J. Y. (2007). Associations between sleep duration patterns and behavioral/cognitive functioning at school entry. *Sleep, 30*(9), 1213–1219.

Troxel, W. M., Robles, T. F., Hall, M., & Buysse, D. J. (2007). Marital quality and the marital bed: Examining the covariation between relationship quality and sleep. *Sleep Medicine Reviews, 11*(5), 389–404.

Van Bemmel, A. L., Beersma, D. G. M., De Groen, J. H. M., & Hofman, W.F. (2001). *Handboek slaap en slaapstoornissen*. Maarssen: Elsevier Gezondheidszorg.

Van der Heijden, K. B., & Dhondt, K. (2013). Overige slaapstoornissen bij kinderen: Interactie tussen hypersomnolentie, gedragsmatige stoornissen en slaapgerelateerde ademhalingsstoornissen. In J. Verbraecken & B. Buyse (Red.), *Leerboek slaap en slaapstoornissen*. Leuven: Uitgeverij Acco.

Van der Heijden, K. B., Smits, M. G., & Gunning, W. B. (2005). Sleep-related disorders in ADHD: A review. *Clinical Pediatrics, 44*(3), 201–210.

Van Houdenhove, L., Buyse, B., Gabriels, L., Van Diest, I., & Van den Bergh, O. (2010). Cognitieve gedragstherapie voor primaire insomnia: Effectiviteit in een klinische setting. *Tijdschrift voor Psychiatrie, 52*(2), 79–88.

Verbeek, I., & Van de Laar, M. (2015). *Behandeling van langdurige slapeloosheid*. Houten: Bohn Stafleu van Loghum.

Verbeek, I., & Van de Laar, M. (2016). *Verbeter je slaap*. Houten: Bohn Stafleu van Loghum.

Verbraecken, J. (2014). *Leerboek slaap en slaapstoornissen*. Leuven: Uitgeverij Acco.

Verhulst, F. C. (2006). *Leerboek kinder-en jeugdpsychiatrie* (pag. 156–164). Assen: Uitgeverij Van Gorcum.

If you have any concerns about our products,
you can contact us on
ProductSafety@springernature.com

In case Publisher is established outside the EU,
the EU authorized representative is:
**Springer Nature Customer Service Center GmbH
Europaplatz 3, 69115 Heidelberg, Germany**

Printed by Libri Plureos GmbH
in Hamburg, Germany